怎麼過好這生活

濟群法師 著

金翅鳥

目錄

無我

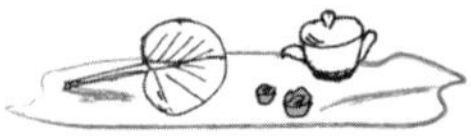

【推薦序】

人生百味，歸本味

翻開濟群法師的新書，秋日陽光灑在字間，慢慢翻閱，心越來越寧靜。這是一本關於怎樣過好生活的書，行文清新雋永，看似隨手拈來，實則源自作者四十多年的修證所得，蘊含般若深意，修心次第。

書中，法師從近年熱門的斷捨離開篇，說到正確認識人與自然的關係、讓生命回歸本來；從煮茶觀心、賞花聽雨，說到培養覺知、體證本心。讀著這些深入淺出的話語，如同行走山巒之中，得遇智者引路，從谷底緩緩攀登，沿路風景宛然，忽見明月朗照，心間袖底，一片清輝。

關於斷捨離的開示中，法師提醒被物質包圍的現代人，不僅要捨棄多餘的物品，更要捨棄內在的貪著。因爲貪著意味著受控，消耗的不僅是時間，還是自己的生命。

關於佛教環保思想的解讀中，法師從「依正不二」的角度，道出人與自然一榮俱榮、一損俱損的共生關係。唯有改變被欲望主導的生活方式，用感恩心、尊重心、愛心面對一切，才能構建人間淨土。

關於生命、自然和自我的回歸，法師闡明生命是相似相續、不常不斷的，有它自身的密碼。修行是眞正意義上的改造工程，讓我們從缺陷走向圓滿，從煩惱走向自在，從痛苦走向解脫。

讀到這裡，眞有尋尋覓覓幾十年方得遇眞相的感慨。

書中大部分篇章，是法師近年在甘露別院的開示，傳遞了如何把禪融入生活的智慧。

甘露別院是法師以數年時間打造的空間，也是禪意設計十二字箴言的實景版，一石一水，一草一木，都在傳遞「無我、無相、無限、出世、寂靜、超然」的內涵。灰白的建築自帶沉靜，老木頭、老石板經過歲月洗禮，褪去火氣。人走在碎石路上，踩著石子的聲音和山林鳥語和諧一體。大覺堂前，水的鏡面把室內空間延伸到無限的湖光山色，似乎把人放在雲山之間，蒼穹之下。更有禪院中的清淨生活，早課、出

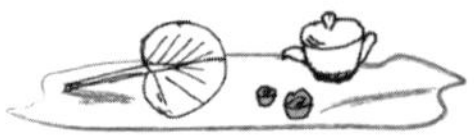

坡（編按：禪眾勞作）、茶道、插花，義工們衣著素樸，氣質恬淡，行住坐臥專注當下，是空間中流動的風景。初到禪院的人，會不自覺被其間氣場攝受，舉止安定。

法師在甘露別院時，不時與大眾品茶、觀花、坐禪、問月。

吃茶時，安頓身心，教導大眾如何融入禪的智慧，從二元對立中走出來，還要以茶爲媒介，傳遞禪的智慧，引導更多人安心。

花開時，樹下靜坐，把習慣向外追逐的心帶回當下。白居易有詩云：「只緣無長物，始得作閒人」，學會做個無事的閒人，帶著開放的覺知，聽雨就是聽雨，觀花就是觀花。

中秋佳節，法師與大眾賞月。那晚，天空澄澈，沒有一片雲彩。法師以月爲媒，開示禪的本質，告訴大家不僅要賞外在的月光，更要去認識心月。心光與月光是一體的，月光照遍十方，心光同樣照遍十方，所謂「心月孤懸，光吞萬象」。

品讀至此，有如身臨其境，在同一片月光下，體會心月朗照的時刻。身處都市的人，即使不能前往這樣的世外桃源，也可以覓一隅之地，學習覺醒文化、實踐靜心慢生活，把智慧融入日常。

讀罷掩卷，不禁有悲有喜。悲則是，身處喧囂鬧市，這田園牧歌的生活，曾經浸潤在傳統文化中數千年，而今卻漸行漸遠；喜則是，從本書中，看到了回歸心靈家園的道路。在這樣條心路上，善知識在前引領，我們追隨身後，有光明，有歡喜。

不由想起，曾與一行人在法師的禪房品茶，坐對青山綠水，品一杯茶，吃幾粒果。風吹起，只覺山林清寂。心止如水之際，忽聽屋外「咚」的一聲，原來是山果落地。一驚之間，豁然明白，王維「雨中山果落，燈下草蟲鳴」的詩句，說的正是禪者心境：當下現量，歡喜自在。

這樣的心境，每個人生命中本自具備，只待我們去開發。正如書中所說：「什麼叫富有？就是當你一無所有，也不覺得缺少任何東西。」

人生有百般滋味，但眞正的本味在哪裡？若能領悟，不論在水邊林下，還是城市街頭，都可萬花叢中過，片葉不沾身。因爲沒有束縛而自在，因爲自在而歡喜。

青山（文字工作者）

1

生命的回歸

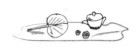

今天，我要給大家講的內容是：生命的回歸。

在我們目光所及的每個角落，生命盛開，使世界充滿勃勃的生機，使人類社會得以延續並發展。從廣義上說，不僅自然界的一切有機體都蘊含著生命力量，甚至星辰和整個星系，也有自身形成、發展及消亡的生命過程。

在一切生命現象中，人生無疑是我們最切身也最關注的問題。人生，簡單地說，就是我們從出生到死亡經歷的過程，由生活、生死和生命三個部分組成。

一般而言，人們最關心的是生活。生活有兩個層次，一是基本生存，一是生活品質。

人活著，首先面臨的是生存問題。俗話說「民以食爲天」，我們的身體離不開維持運轉的能量。除了這根本的一條，家庭開支也是我們每天需要面對，需要解決的。有些人福報大，出生在富裕之家，財富與生俱來。尤其是中國人，做父母的喜歡爲兒女積聚財產，好使孩子一輩子不必爲生存奔波。而在一些已開發國家，社會福利制度比較健全，基本生存似乎也不成問題。但世界上還有很多人，一生都在爲生存而忙祿。天天上班，拚命打工，無非是爲稻粱謀，無非是爲了應付家庭開支。他們活著的目的非常單純，單純到只剩下「生存」二字。

其實，自然界中的動物，空中的飛鳥、海裡的游魚和地上的走獸，牠們和人一樣，也是爲了生存，爲了充飢而四處覓食。假如人類也僅僅爲生存而生存，那和動物有什麼區別？對每一個生物體來說，生存都是必不可少的，但只有人類才會在解決生存問題之後，進一步追求生活品質。

在享樂主義盛行的今天，幾乎所有人都著眼於物質條件的改善。事實上，改善物質所能給予的幫助，遠非我們以爲的那麼見效。所以更爲內省的人開始轉向精神追求，講究生活品質的提升，即藝術的生活、宗教的生活。可以說，對超越自身的精神生活追求，是人類有別於自然界其他生物所特有的現象。

除了我們共同關心的生活話題，幾千年來，一代又一代的哲學家和宗教家都致力於生死問題的探討。生和死是伴隨人類一生的兩大屬性，既相互否定，又密不可分。

如果將一個人的出生視爲人生旅途的起點，那麼從他來到這個世界開始，每時每

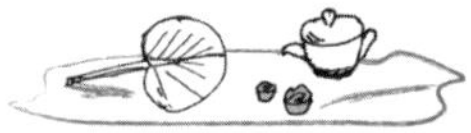

刻都在接近旅途的終點，在奔向他的末日。正是由於我們的生，帶來了無法迴避的死亡。正如一位哲人所說的：每個生命的經驗均以死爲方向，這乃是生命經驗的本質。

那麼，生從何來，死往何去？依唯物論者的觀點：生從父母來。身體髮膚受之父母，媽媽生下我，我就有了。而生命結束就意味著一切的消失，所以人死如燈滅。死亡是個體生命的終點，充分展現了人生的有限。

依一般宗教的普遍看法：人在肉體之外，還有獨立的靈魂。色身固然會在幾十年後敗壞，會受到時間限制，會退出歷史舞臺，但超然於肉體之外的靈魂是不死的，並將在另一個世界得到延續。基督教的教義正是建立在對永生的期待上：受到限制的塵世生命在上帝拯救下，分享上帝的生命而獲得不滅的新生。在他們虔誠的祈禱中，死亡是通向天堂的門戶，也意味著新生的開始。

唯物主義者認爲，生命是物質的產物，形散則神滅，屬於斷滅論、一世論。但我們應當認識到一點，科學只能研究和改造外部世界，對人類自身的認識，卻顯得力不從心。相對於唯物主義者的結論，宗教家提倡的兩世論，認爲生命中有獨立不變的靈魂，又落入了常見，同樣是不究竟的。

佛陀依緣起的智慧考察生命現象，提出三世論，認爲生命是相似相續、不常不斷的。生命不僅包括現在，還有著生生不已的過去和未來。生命就像流水，從無窮的過去一直延續到無盡的未來；生命又像鐵鏈，一環套著一環。我們這一期的人生，僅僅是其中的一片浪花，一個環節。

從唯物論的角度看，人生的確很短暫。可是透過佛法智慧認識人生，我們會發現：人其實是不會「死」的。所謂死，只是一期生命的結束，是生命形式的改變，但同時也是下期生命的開始。身爲學佛者，不僅要關心現實人生的幸福，同時要關心未來生命的走向。正是基於對生命的整體關懷，佛陀在成就解脫後，爲娑婆眾生開示了現世樂、來世樂和涅槃究竟樂的原理。

生活是生命的表現形式，生死是一期生命的開始和終結。但人生最本質的，不是生活，不是生死，而是生命。要想改變命運，必須認識到——生命究竟是什麼？

詩人說：生命是神聖的謎，是機密的法則。

生物學家說：生命是蛋白質，是胺基酸。以佛法角度來看，這些說法都不完整。身爲萬物之靈，我們只有以智慧破譯出生命密碼，才能好好認識並利用今生，而不是在無知或敬畏中採取迴避的姿態。

生命是由兩大系統組成：一是物質系統，一是精神系統。物質就是我們現有的色身，即生物學家所說的，組成肉體的那些成分。我們的身體來自父母，帶著父母給予的遺傳基因。而精神同樣有著獨立的系統，有自身的遺傳訊息，那就是阿賴耶識中儲藏的無始以來的業因。我們在生活中會發現，相同的父母會生出秉性、天資完全不同的子女。原因是什麼？因爲每個生命都是帶著獨立的生命訊息來到這個世界，起點各不相同。

我經常說，學佛是眞正意義上的生命工程。學佛，是生命從缺陷走向圓滿的過程，是生命從煩惱痛苦走向解脫自在的過程，是從認識生命到徹底改善生命的過程。明白人生是什麼，知道改造生命的重要性，我們就可以正式開始討論「生命的回歸」。接下來，我想從三個方面加以說明。

認識的回歸

在生活中，除了賴以生存的基本物質條件，能對我們產生最直接影響的就是人生觀。我們會想什麼，做什麼，說什麼，都離不開觀念的影響。觀念和行爲又是相輔相成的。一方面，觀念會指導行爲，決定我們的各種選擇。另一方面，這些行爲的結果也會影響並改變觀念。可以說，我們成長的過程，就是認識世界和人生的過程。

遺憾的是，一般人的觀念往往是錯誤的。因爲觀念來自認識，而認識又是以感覺爲基礎。通常，我們總是習慣性地認同自己的感覺，將見聞覺知的現象當作唯一眞實。那我們的感覺是否值得信賴呢？事實上，人的感覺是有很大問題的。

首先，我們的感覺非常遲鈍。在嘈雜的環境中，微小的聲音會被淹沒，使我們無法聽清，甚至完全感覺不到。聽覺如此，那我們的視覺呢？在黑暗中，即便最亮麗的色彩、最優美的風景也形同虛設。如果不借助科學儀器，人類所能覺知的範圍極其有限：太小的東西我們看不到，需要顯微鏡；太遠的東西我們看不到，需要望遠鏡……

盲人摸象的故事大家都很熟悉，在某種意義上，我們和故事中的盲人並沒有太大差

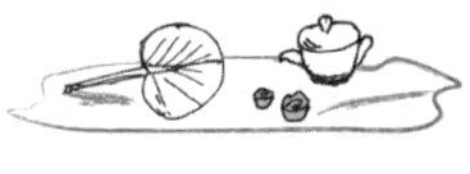

別。僅憑感官，我們看到的不過是大千世界呈現的微小局部，卻看不到背後更爲巨大的整體和眞相。如果認識不到這一點，執著於自己對世界的膚淺認識，那麼在此基礎上產生的觀念，能有幾分準確呢？

其次，我們的感覺帶有欺騙性。自古以來，人們一直以爲月有陰晴圓缺，其實月亮何嘗有過這些變化？我們的地球時刻都在自轉，所謂「坐地日行八萬里」，可誰也感覺不到。長期以來，人們一直將地球當作宇宙中心，直到十六世紀，哥白尼才首次提出地球圍繞太陽轉動。對那個時代而言，他的發現是令人震驚的，是大逆不道的邪說。可以想像，如果我們的認識還停留在當時，大約也很難相信這個和感覺全然不同的事實。

天上的星辰在我們看來，小得似乎可以抓在手中，但天文學家告訴我們：它們中的許多，比地球要大得多。其中的一部分，在我們看到時早已不復存在，只是因爲它們散發的光芒，需要幾千甚至幾萬年才能抵達我們的視線範圍。當我們坐在船中，感覺兩岸青山在緩緩移動，實際兩岸是靜止的，是船的前進使我們產生錯覺；一支筆插入水中，看起來像是彎的，那是水的折射欺騙了我們的眼睛……

那麼，感覺的錯亂能否通過科學得到糾正呢？現代人相信科學，以此爲檢驗眞理的標準。其實在過去幾百年中，隨著科學的進步，每個時代都建構了不同的理論系統。一些貌似眞理的結論，在不斷接受新的挑戰，不斷被推翻。由此可見，在認識世界的問題上，我們的感覺固然不可靠，處於發展中的科學也不是絕對眞理。

我們對世界的認識還受到情緒的影響。我們喜歡一個人的時候，他的缺點，我們會視爲優點；我們討厭一個人的時候，他的優點，我們會當作缺點。我們的心情舒暢時，眼前的一切顯得無比美好：陽光格外燦爛，天空格外明朗，樹木在向你點頭，花朵在向你微笑，小鳥在爲你歌唱，蝴蝶在爲你起舞……世界到處充滿勃勃生機。而我們心情壓抑時，同樣的世界卻失去了色彩，籠罩在一片沉重的灰色中。

親情和血緣，則使認識帶有濃厚的感情色彩。在父母眼中，自己的孩子總顯得特別重要，時時牽動著父母的心。而在不相關的人看來，這個孩子和千千萬萬的孩子不會有任何差別，甚至他的存在都是可有可無的。熱戀中的男女，彼此把對方看得和生

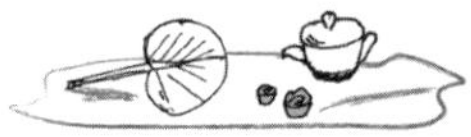

命一樣重要，對方的一舉一動，都能給自己帶來巨大的欣喜或傷害。對旁人而言，那不過是繽紛世界的一段小小插曲。

感覺和情緒的影響，使我們難以正確認識世界。在一連串顛倒的認識中，名稱和實質的混淆，更是常犯的錯誤。事物都有名和實兩方面。比如桌子，既有構成桌子的實物，也有定義桌子的名稱。那麼，名和實究竟是不是同一件東西？事實上，名只是後天的約定俗成，是幫助我們認識和區分事物的符號。但我們往往不了解這一點，以名爲實，進而因爲對名的執著，帶來許多不必要的煩惱。

生活中，我們最敏感、最在乎的名是什麼？是自己的名字。其實名字不過是父母爲我們取的代號，就像一號、二號那樣，沒有特定自性。但我們有了這個代號後，就會執著代號爲「我」。聽到別人提起自己名字時，耳朵馬上會變得很長：是不是在說我？在說些什麼？聽到讚嘆和恭維，就歡喜；聽到誹謗和攻擊，就難過。對名的執著，使我們無法忍受他人的謾罵。聽到別人罵你是驢，是豬，是笨蛋，會無比氣憤，覺得人格受到侮辱。事實上，驢、豬、笨蛋只是假名而已。如果對不懂中文的老外說

「你是驢」，他根本不知道你在說什麼，也不會因此憤憤不平。

錯覺又使我們把假相當作眞實的存在。從佛法觀點來看，萬物都是因緣和合的假相。比如眼前這張桌子，只是一大堆材料的組合，包括木材、鐵釘、人工等。由這些非桌子的條件，組成一個用品，古人出於使用的方便，爲它安上「桌子」的名稱。倘若有一天，這堆條件中的某一個辭職或病故，桌子也將嗚呼哀哉！由此可見，桌子並不是獨存不變的實體，也不是天生就該叫做桌子，只是一個沿用至今的約定而已。如果古人稱它爲妖怪，那我們現在看到的桌子，就個個都是妖怪了。如果是這樣的話，我們聽到妖怪一詞，就覺得極其平常，更不會談妖色變。桌子是這樣，萬事萬物都是一樣。

《金剛經》告訴我們：「一切有爲法，如夢幻泡影，如露亦如電，應作如是觀。」一切存在都是緣起的假相，並沒有獨存、不變、可以掌控的自性。如果我們對所見一切都能如此分析，就不會產生種種執著，也不會被它們的變化所影響，即所謂不以物役，不隨境轉。

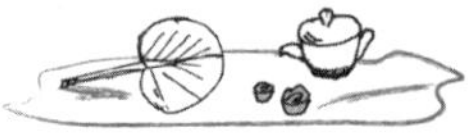

人類認識上的另一誤區，是對永恆的期待。我們總希望和自己有關的一切都能永恆：希望生命永恆，希望事業永恆，希望財富永恆，希望家庭永恆，希望人際關係永恆……然而，世間一切都是無常變化的。如果認識不到這一點，不能放下對永恆的期待，就會因此受到傷害。我們希望財富永恆，就無法面對公司的破產；希望家庭永恆，就無法面對家庭的破裂；希望人際關係永恆，就無法面對朋友的疏遠；希望愛情永恆，就無法面對情人的變心……但變化時刻都在發生，如果我們不能接受，就會陷入痛苦，演繹出一幕幕人間悲劇。

所以，改變人生首先要從改變認識開始，從樹立正確人生觀開始。西方哲學從古希臘的探討宇宙本體，到十六世紀後開始轉向認識論，正反映了認識能力的重要性。我們有什麼樣的認識，就會看到什麼樣的世界，度過什麼樣的人生。

讓我們的認識回歸世界的眞實！在每個當下都能如實觀察，不被假相蒙蔽，不受情緒影響，也不爲任何外在因素干擾。就像桌上有五個蘋果，在我們的認識中也是五個蘋果，不要增益，也不要損減。包括對生活、生死、生命的認識，都是如此。

怎樣才能如實認識，建立正確觀念？這離不開佛法智慧。時至今日，即使在不同信仰的人看來，佛陀也堪稱人類歷史上最偉大的思想家，正如人類學家李維史陀所說的：「從我所見聞的大師或是哲人的著作中，從我所深入了解過的那些社會裡，從西方人引以為傲的所謂科學中，我究竟懂得些什麼呢？即使把它們全加在一起，與坐在樹下的聖賢的沉思冥想相比，也不過是些片言隻語罷了。」

這種智慧是透過修行證悟的，是對宇宙人生本質的揭示，不會因為時代的發展而落伍，在今天依然很實際且具有指引意義。佛法認為，一切迷惑都源於眾生的無明，無明是錯誤觀念的根源，也是煩惱、痛苦乃至犯罪的根源。所以修行首先要建立正見，從聞思修、四法行到八正道，都是以正見為前提。

正見無常，可以擺脫對永恆的執著。人總是生活在永恆的情結中，希望身邊的一切不離不棄。然而世事無常，結果時常面臨事與願違的痛苦。正見無常，可以正確面對所有變化，不論挫折還是順利，也不論失敗還是成功，都是暫時的，都要經歷成住壞空的過程，都處在不斷的轉變中。

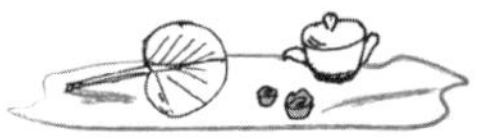

正見無我，可以擺脫由我執產生的煩惱。這是貪瞋癡的根源，由此造下殺盜淫妄等種種惡業。正見無我，才能從根本上解除煩惱。

正見因緣因果，可以避免主觀、片面、狹隘的認識，如實看待世界，善巧處理事務。正見因緣因果，我們就有能力坦然面對種種順逆境。面對順境不必驕傲自得，因爲那是過去種下的善因所招感，無法永遠擁有；面對逆境也不必怨天尤人，我們只是在承擔自己犯下的過錯，又能怨得了誰！正見因緣因果，還可以爲未來生命規劃出美好的藍圖。我們希望有什麼樣的未來，現在就該播下什麼種子，從因上改造它。

自然的回歸

人類本是大自然的一部分。當自然最奧祕的生命充盈心靈，足以令我們心曠神怡。所以，讓我們的生命回歸自然的懷抱！

不知大家注意到沒有，世界是個大宇宙，而我們的身體則是個小宇宙。你看，地球的結構和身體是多麼相似：地球有江河湖海，就像我們體內奔騰著血液；地球上有岩石，就像支撐我們身體的骨骼；地球表面有泥土，就像我們身上包裹的肌肉；地球上萬物茂盛，就像我們身上的毛髮。天空時而烏雲密布，時而萬里晴空，就像我們的心情，煩惱和欣喜變幻。明媚的陽光就像我們燦爛的笑臉，紛紛的雨雪又像我們悲哀的哭泣。風暴來臨時，可以讓大樹搖搖欲墜，就像我們發怒時可怕的脾氣……我們和自然本是一體，我們的生活也本該和自然息息相關。

人類曾經像動物一樣，完全依賴自然的給予來維持生存。現代文明在給我們帶來諸多便利的同時，也使我們和自然的環境、生活離得越來越遠。我們已經無法回到過去，已經喪失在純粹的自然環境中生存的能力。

房屋的建造，使人類擺脫了最初的穴居生活，擁有更舒適的居住條件。但建築的不斷發展，又將生活在都市的人們禁錮在一片片鋼筋水泥的叢林中，禁錮在一片片沒有生命的環境中，使樹木和草地都成了奢侈的風景。我平時生活在山上，有時從山上走下來，感覺整個城市飄浮著一股躁動不安的氣息。

是什麼使我們背離自然的生活？是什麼使世界的變化如此巨大？是人類的貪欲，

是人類對物質盲目而無止境的追求！我們透過不斷占有來滿足欲望，占有吃的、占有穿的、占有住的……當我們擁有這一切之後，當我們不再有衣食之憂，不再有「茅屋爲秋風所破」的窘境，新的欲望又接踵而至。即使物質生活有了相當水準，我們還是不會滿足，又會產生攀比之心，希望自己擁有的一切超過別人：服飾要比別人講究，住宅要比別人豪華，地位要比別人顯赫……在相互攀比中，衣食住行已經失去最初的實際功用。現代人對生活狀況的不滿，已經不是簡單的物質匱乏，而是來自在攀比中產生的失落感和挫折感。攀比又帶來激烈的競爭，使每個人要在競爭的巨大壓力下努力適應世界，努力跟上時代飛速前進的步伐，活得特別辛苦。

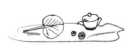

我總覺得，一味強調經濟發展是有副作用的，甚至弊遠遠大於利。許多人嚮往日本優越的經濟條件，但在我看來，東京是賺錢的天堂，生活的地獄。我去過東京，到處充斥著高度的喧鬧，高度的緊張，路上每個人都行色匆匆，幾乎和機器人一樣沒有表情。我不明白這樣活著有什麼樂趣可言，原本打算在那裡做一兩年學術研究，結果待一個月就逃了。香港也是經濟發展的典範，整個城市就像一座大型百貨公司。生活在這片鋼筋、水泥、噪音組成的鬧市中，雖然物質應有盡有，能在最大限度上滿足需求，卻沒有大自然的滋潤，很容易讓人浮躁而焦慮。

今天這個社會，科技日新月異，生活方便舒適，世界豐富多彩。物質帶來的種種誘惑，時刻都在刺激我們的欲望，讓人想要擁有更多、更新、更好的享樂。可我們是否想過，在擁有這一切的同時，又付出了多少代價？

一味追求物欲，使我們必須投入更多時間去賺錢。在能賺會花成爲時尙的今天，我們輕易丟棄了幾千年來奉行的消費觀，開始理直氣壯地拜金。那麼，我們又是在用什麼換取這一切？除了勞動和技術，更需要付出時間。而付出時間就意味著付出生命。在欲望的爆發中，我們已經迷失了自己，不惜把生命耗費在無止境的追求中，甚至沒有時間來反省自己，觀照自己的精神需求。

一味追求物欲，使人失去了內心的寧靜。貪婪製造的妄想，正如魔鬼般啃噬著我們毫無防備的心靈。對財富的渴望，使我們看不到欲望下隱藏的巨大陷阱，看不到欲望猙獰的另一面。

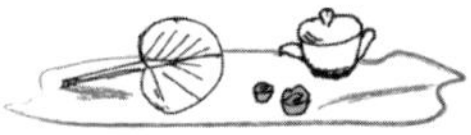

一味追求物欲，是引發爭鬥的根源。在家庭中，因爲利益的衝突，導致父母與兒女的爭鬥，兄弟與姊妹的爭鬥，丈夫與妻子的爭鬥；在社會上，因爲利益的衝突，導致家庭與家庭的爭鬥，公司與公司的爭鬥，行業與行業的爭鬥；在國際上，因爲利益的衝突，導致地區與地區的爭鬥，民族與民族的爭鬥，國家與國家的爭鬥。一味追求物欲，還是破壞地球環境的罪魁。在短短的百年內，人類以史無前例的規模企圖征服自然，對自然資源盲目且過量的開採，使得地球幾十億年形成的財富幾乎耗盡了一半。對能源的過量開發，又導致生態的失衡，導致各種自然災難和環境汙染，同時也給人類生存帶來巨大的隱患。

物質和財富是取得幸福的唯一手段嗎？人們在沒有事業、財富時，往往會將這些當作幸福的保障。事實上，這只是我們一廂情願的想法。我在弘法過程中，遇到過一些事業有成者，他們擁有百萬、千萬甚至上億的財產，卻連人生最基本的快樂都不能正常享有。擁有豪華別墅，卻不能安然入眠；面對山珍海味，卻食欲全無……在旁人可望而不可即的奢華生活中，他們又何嘗體會到幸福的感覺？

人類怎樣才能獲得幸福？怎樣才能活得快樂？首先，我們要回歸自然，學會享受自然的給予。新鮮的空氣、純淨的藍天、迷濛的煙雨、柔和的月光、連綿的青山、潺潺的流水……這一切就在我們周圍。大自然的美對每個人都是平等的，越是自然的東西，就越接近生命的本質。只要我們把心事放下，隨時都可以在自然的懷抱中體會自在；只要我們把欲望放下，隨時都可以在自然的饋贈中獲得滋養；只要我們擁有平常心，不必付出任何的代價，就可以享受廣闊的天地。

「春有百花秋有月，夏有涼風冬有雪。若無閒事掛心頭，便是人間好時節。」這首禪詩告訴我們如何感受自然，擁有良好的心態。其實，世間最甜美的享受始終是那些最古老的享受。

現代社會的複雜使生命失去自由的空間。生活在這種喧鬧的環境中，我們的妄想和煩惱空前膨脹。我們只是勞作，沒有閒暇，最終喪失人類應有的靈性，忘了人生的根本。結果得到許多享樂，卻並不幸福；擁有許多方便，卻並不自由。我們只是在使用生命，卻不懂得享受生命！

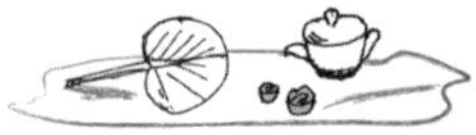

現代社會的競爭使人緊張焦慮。回歸自然，可以徹底放鬆身心。我們不必和自然算計，不必和自然競爭，不必和自然弄虛作假。在大自然中，我們的心靈會變得簡單、清淨。我們可以在岩石上小憩，讓思維停歇，讓渾身每一塊肌肉、每一個細胞，都徹底放鬆；我們可以在林間漫步，讓念頭安住在舉手投足的每個當下；我們可以在樹下靜坐，看花開花落，望雲卷雲舒。

遺憾的是，我們之中的多數人對自然賜予的一切熟視無睹。我們的心中裝滿事業、家庭、財富……卻很少意識到自然中最美好的存在，從來都不懂得去珍惜。尤其在以經濟發展爲中心的今天，我們爲了服從經濟利益，不惜破壞人類賴以生存的自然，破壞我們唯一的家園。

新鮮的空氣還有多少？城市彌漫著各種廢氣，連鄉村也在日復一日地受到影響。乾淨的水源還有多少？河流或是混雜著工業廢水，或是在氣候變遷中逐漸乾涸。茂密的森林還有多少？樹木的生長遠遠跟不上人類的濫砍濫伐……如果不能停止對自然的放肆摧殘，總有一天，我們會在親手製造的災難中首當其衝受到制裁。事實上，災難已初露端倪，到了應當警惕的時候。千百年來，我們一直遵循著天人合一的理念，這才是人和自然的相處之道。人類應該感恩大自然，珍惜大自然，愛護大自然，享受大自然，在大自然中尋找快樂，獲得寧靜。

幸福生活可以從簡單中獲得。我們用以維持生存的基本所需並不多：食物是爲了充飢，服裝是爲了避寒，房屋是爲了休息，交通工具是爲了代步。這些需求不是很難滿足：我們飢餓的時候，吃什麼都有滋味；我們疲倦的時候，睡在哪裡都香甜……

爲什麼今天的人會有那麼多要求？生活中的許多需要，與其說是我們自身的需要，不如說是社會使得你有這種需要。在工業文明的滋潤下，在物質條件的刺激下，現代人的欲望正無限增長著。一味追求物欲的生活，造成人類社會的各種煩惱和痛苦。所以，東西方的聖哲們都告誡我們要少欲知足。

一個人追求權力，就會被權力束縛；追求事業，就會被事業阻礙；追求財富，就會被財富捆綁……他們沒有時間，更沒有閒情，他們的所有生命都被用來做交換。一旦我們放下這些，既承擔起在世間應盡的責任，又不使心執著其間，就能體會到放下

的自在，走也方便，睡也安然。我不從政，沒有體會過官場的應酬究竟有多累多麻煩，但有時會有信眾請我去吃飯，擺出一桌菜，吃了三五樣後，根本就分不出各自的味道，每次都吃得我直想睡覺。這種感覺很像在鬧市中走一回，如果用一個詞語來形容，就是疲憊不堪。老子說：「五色令人目盲，五音令人耳聾，五味令人口爽，馳騁畋獵，令人心發狂。」就是告訴我們：複雜的環境會給感官及思維帶來混亂。

遵循簡單、自然的生活原則，使我們的內心更爲單純。

遵循簡單、自然的生活原則，使我們更能保護地球有限的資源。

遵循簡單、自然的生活原則，使我們不必將所有時間用來爲滿足物欲而奔忙，享有生命的閒暇。

遵循簡單、自然的生活原則，使人與人之間可以和平相處，減少由激烈競爭帶來的犯罪現象，乃至各種戰爭。

自我的回歸

自我的回歸，使我們的人格回歸生命的本來。

自我，大家似乎非常熟悉。每個人都生活在強烈的自我意識中，一生都在爲所謂的「我」而奔忙。爲了我的事業、我的家庭、我的兒女、我的名譽地位、我的財富……我們所關注的一切，都是圍繞自我這個中心。在每個人的心中：我，有著神聖的地位，有著至高無上的權力。

在人類社會的發展過程中，正是因爲我執的關係，才導致私有制的產生，乃至一切不平等現象。因爲我執，人類不但對我有著深深的貪戀，還進一步希望更多的東西爲我所有。在家庭中，一方面體現在父母對子女的專制，尤其在中國，根深柢固的家族觀念，使父母往往把子女當作自己的一部分，當作私有財產般任意處置，固執地以自己的觀念和生活方式要求子女，無視子女的獨立人格，使他們活得痛苦不堪。另一方面又體現在夫妻間的過分占有，男女地位的不平等，使婦女在很長時間內只是男性的附庸，彼此活得很不自由。

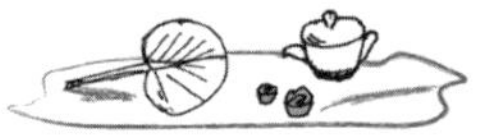

我執，使人與人之間產生嚴重的隔閡，是造成人類不平等的根源。我執，引發人生的種種煩惱，又是社會犯罪的禍根。我們每天何止百次千次說到我，然而，究竟什麼是眞正的我？在生活中，我們有身外之物，有身內之物。身外之物，包括我們的事業、名譽、地位，包括我們的信用卡、房子、汽車，還包括我們的妻子、兒女、朋友，以及諸如此類的一切。我們時常將它們當作生活的尺度和成功的標準，將它們和我混淆在一起，不分彼此。

在生活中可以發現這樣的例子：若事業成功，便覺得高人一等，而職業低賤，又會自慚形穢；若家財巨萬，便覺得趾高氣揚，而身無分文，又會無臉見人……事實上，稍微清醒一些的人都會知道，這些東西只是暫時爲我所有，它們中的每一樣都逃脫不了無常的規律。我們的名譽地位，無法永遠保有；我們的信用卡、房子、汽車，隨時都會更換主人；即便是我們的妻子兒女，也可能在聚散離合中變換相互的關係。由此可知，這些身外之物並不能代表眞正的我，我們只是出於錯覺，才把它們當成是我的一部分。

那麼，我們的身內之物，這個生命體總該是我的吧？通常，每個人最關心的就是自己的身體。當我們爲他人付出一些勞動，總會計較報酬，計較得失。可一生幾十年的光陰，都在爲我們的色身服務，忙它的衣食，忙它的成長，卻無怨無悔。這樣看來，色身似乎理所當然地代表著眞正的我了。可我們再分析一下，就會發現，色身也不過是四大的假合。現在醫學發達，人身上的許多器官都可以像機器零件一樣隨時更換。當你的腿斷了，可以換上義肢；當你的心臟有了問題，可以換上合成材料製作的人工心臟；甚至換頭也不再是神話，不久的將來，人就可能在自己肩上摸到另一個頭，那個頭到底是不是你呢？而且，色身每天都處在不斷的新陳代謝中。從嬰兒到少年、成年，每一天都在成長，然後又開始逐漸衰老、敗壞。我們的色身，又有哪一刻不在變化中？肉食的人，組成色身的原材料是動物的肉；素食的人，組成色身的原材料是蔬菜和瓜果。所以在動物界，肉食動物的性格都比較凶暴，而素食動物則相對溫和許多。色身有如住房，只供我們暫時住一住，我們無法永遠擁有它，更無法讓房子永遠不敗壞。生命只在呼吸間，當我們還有一口氣在，可以很活潑，很燦爛；倘若哪

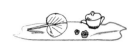

天一口氣不來，就該腐爛發臭了。可見，色身也不能代表眞正的我。

再來看一下我們的精神活動。精神領域是一個錯綜複雜的世界，不會比龐大的政府機構簡單。在色身成長的歲月中，精神領域也不斷得到充實。就我自己的人生經驗來說，我的觀念和知識，離不開小時候父母的教誨，上學後老師的教育，以及走上弘法道路後社會給予的影響。我現在的所思所想，都是長期以來一點一滴形成的。儘管我們每天都會不斷表述「我的想法」「我的看法」，不時發表一些高論，但我們注意一下就會發現，在人生每個階段，想法和看法並非一成不變的，而是隨著閱歷的豐富和知識的增長，逐漸發生改變。儘管我們每天都會不斷強調：我喜歡，我討厭；我快樂，我痛苦……我喜歡的時候，對方的缺點也是優點；我討厭的時候，對方的優點也成了缺點。我快樂的時候，渾身每個細胞都在笑個不停；我痛苦的時候，日月星辰也顯得黯淡無光。痛苦時的我，無法想像快樂時的我；快樂時的我，同樣無法想像痛苦時的我。那麼，究竟是痛苦時的我代表眞正的我，還是快樂時的我代表眞正的我呢？

我，究竟是什麼？從以上分析，我們了解到，所謂的我其實是由許多非我的東西組成。而這些非我的東西，哪一樣都不能代表眞正的我。如果我們把它們當成我的話，人生就會充滿煩惱。

我們要用緣起的智慧觀照人生，充分認識到，財富、地位、家庭、事業、名譽及世間的一切，甚至包括我們的色身，都是無常變幻的。我們不可能永遠擁有，更不能將它們當作眞正的我。如果我們認識到這一點，就能減少對世間萬物的執著，讓心從物欲中解脫出來，再也不被它們左右，不爲它們要死要活，從而保有心態的超然，人格的獨立。

我們也要用緣起的智慧觀照心念。在我們的內心，有種種不同的想法和情緒。有人說世道險惡，但我覺得人心更險惡。說到人心時，大家想到的可能只是他人的心，但我指的是每個人自己的心。我們的心中有無數陷阱：貪婪的陷阱、瞋恚的陷阱、自私的陷阱、懷疑的陷阱、驕傲的陷阱、嫉妒的陷阱、欲望的陷阱、愚癡的陷阱及不良嗜好的陷阱……如果沒有智慧觀照，心就會時常落入這些陷阱，讓貪婪、瞋恚、猜疑、驕傲、嫉妒和欲望支配著我們。如果沒有智慧觀照，心就會沉迷在這些陷阱中而

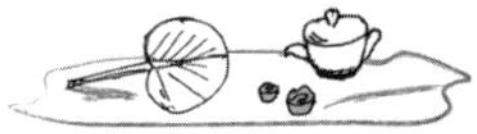

不自知，把眼前的一點小利當作生活的全部，被當下的一點情緒掌控我們的心靈。

如果沒有智慧觀照，我們就會缺乏辨別眞相的能力，不能透過現象看到事物的本質，把這些原本非我的東西當成是我，造成無盡的煩惱和痛苦。我執，是世間一切痛苦的根源，一切煩惱的根源，一切災難的根源，一切犯罪現象的根源……只有通達無我，才能消除由此而來的一切過患。

通達無我的眞理，我們就更能把握心念。對每種想法的產生都能清清楚楚，對每種情緒的出現都能明明白白，就不會心甘情願地做它們的奴隸。

通達無我的眞理，我們就能正確地認識生命。不再盲目地執著身內或身外之物爲我，不被世間的無常變化所困擾。

通達無我的眞理，我們才能開發本自具足的智慧，找到本自具足的佛性。

自我的回歸，讓我們回歸生命的本來！

2
佛教的環保思想

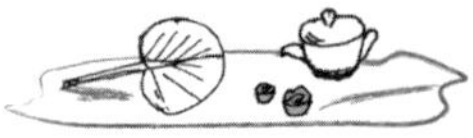

在開始本文的寫作之前，我查閱了一些相關資料。在這裡，我不想再重複那些觸目驚心的報導和數據，相信這對每一位眞正關心環境問題的人都不是新鮮的話題。我覺得也沒有必要就環保的必要性和迫切性展開論述，相信在這一點上，應該也不會有人公開表示反對。但問題是，爲什麼環境惡化始終得不到有效逆轉？

如果將環境汙染比作地球的一場疾病，在「病來如山倒」的今天，我們是不是還能夠對它的痊癒抱有樂觀態度？我想，問題的關鍵一方面在於實際行動；一方面還在於治療方案，在於所採取的措施是治標還是治本。

如果我們的環境保護僅僅是在汙染出現後才設法治理，在災難降臨後才設法補救，那麼，在這場環保與環境危機的賽跑中，我們永遠都是被動的，注定無法取得最後勝利。事實上，眞正的汙染源不只是幾家企業，也不只是幾個伐木者，而是整個人類的生活方式。

人生佛教的弘揚，正是致力於從佛法角度爲民眾提供健康的生活理念，以此解決當今社會存在的各種問題。那麼在環保的問題上，佛法又能爲我們帶來什麼樣的啓迪和幫助呢？

克服欲望和貪婪

在佛法中，將貪、瞋、癡比作危害心靈健康的三毒。儘管這三毒是無形的，至少到目前為止，還沒有任何一種科學儀器可以測量到它們的存在，但由此帶來的後果往往是有形的。我們的生存環境之所以會惡化到今天這種危機四伏的地步，究其根源，就是人類的貪婪所致。

所以，古今中外的宗教家和智者們都將少欲知足視為人類的美德，當作人格昇華的基礎。在佛教修行中，同樣以此為理論和實踐的準則。在《佛遺教經》中，佛陀這樣告誡他的弟子：「汝等比丘，當知多欲之人，多求利故，苦惱亦多；少欲之人，無求無欲，則無此患。直爾少欲，尚宜修習，何況少欲能生諸功德。少欲之人，則無諂曲以求人意，亦復不為諸根所牽。行少欲者，心則坦然，無所憂畏，觸事有餘，常無不足。有少欲者則有涅槃，是名少欲。」

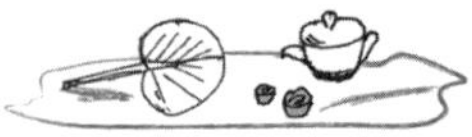

如果對一個修道者來說，過多的欲望能阻礙他的解脫，那麼對整個人類的命運而言，過多的欲望就會造成毀滅性的災難。需要說明的是，這裡所說的欲，主要指盲目的物欲。因爲佛教將欲分爲善、惡、無記三類，並非所有欲望都是不合理的。

欲望之所以會有如此的「能量」，就在於它永遠處於發展過程中。如果不從根本上對治它，鏟除它，它就會無休止地驅使我們爲之效力。現代人非常重視個人自由，我們總是在抱怨環境的束縛，抱怨家庭的束縛，事實上，即使外在環境沒有製造任何壓力，我們的心靈也未必能眞正獲得自由。

欲望是無所不在的，我們往往在不知不覺中就會被它控制，將主權拱手相讓。欲望又是永無止境的，一個欲望得到了暫時滿足，新的欲望又會接踵而至，向我們提出更多的要求。當我們有了一千元的時候，就希望得到一萬元，然後必須爲完成這九千元的目標努力；當我們有了一萬元的時候，就希望得到十萬元，然後又必須爲完成這九萬元的目標努力。事情往往是我們擁有的越多，反而感覺自己缺少的越多。只有一千元的人，認爲自己只缺九千元；可有一萬元的人，會認爲自己還缺九萬元。既然世上有坐擁億萬家產的人，我們希望得到一萬元和十萬元似乎不是過高的要求，希望得到百萬和千萬似乎也不是癡人說夢。且不論最後究竟能達到什麼目標，問題的關鍵是：我們向誰去索取這一切？不論我們採取什麼樣的方式，負擔最終會落到自然身上，因爲大自然才是生產手段的唯一提供者。

人類曾經夢想製造出永動機，其實，欲望就是我們的永動機。每個人，這一生的欲望會隨著色身的消亡而結束。但對整個人類社會來說，一方面，個人欲望正隨著經濟發展飛速增長；一方面，人口遞增又製造出龐大的基數。所以這台以欲望爲動力的機器，非但永不停止，還會以更強勁的功率運轉。現代社會習慣以數字來總結一切：平均國民所得、國民生產毛額等等。如果欲望也能以相應的量化指標來衡量，我相信，不論是平均國民欲望還是全球欲望總值，都遠遠超過過去各個時代。

這個急劇增長的欲望所對應的又是什麼？是地球日益貧乏的資源蘊藏，是業已失去平衡的生態環境。或許，我們覺得自己沒能力也沒必要去關心森林的減少，去關心水土的流失，去關心臭氧層的破洞。但即使再麻木的人，也不會看不見河流的汙染，

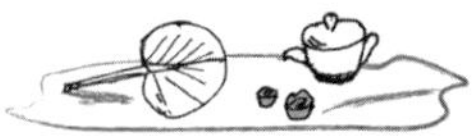

不會感覺不到空氣的汙染。長此以往，不僅我們嚮往的財富會成爲無源之水，無根之木，即使我們的日常生活，也會受到致命影響。未來我們還能喝什麼？我們還能呼吸什麼？

地球是我們賴以生存的唯一家園，皮之不存，毛將焉附？如果我們不能有效節制欲望，一味向自然索取，只能落得自掘墳墓的下場。那麼，如何才能對治欲望？佛陀接著告訴我們：「若欲脫諸苦惱，當觀知足。知足之法，即是富樂安隱之處。知足之人，雖臥地上，猶爲安樂；不知足者，雖處天堂，亦不稱意。不知足者，雖富而貧；知足之人，雖貧而富。不知足者，常爲五欲所牽，爲知足者之所憐愍，是名知足。」

知足，也是中華民族的優良傳統，知足方能常樂。從另一個角度說，知足就是要懂得珍惜自己擁有的一切。在過去的叢林（編按：指很多出家人聚集一起修道的寺院）中，老和尚總是告誡弟子們要惜福。現在想來，這句話的確特別有道理。

從個人來說，一生的福報有相對固定性；從人類的生存環境來說，擁有的資源也是有限的。過去這幾千年來，我們已經習慣於大自然無私的奉獻和給予，似乎這個寶藏是無盡的，可以供我們盡情索取。但隨著人類對地球有更多的了解之後，我們才發現資源是非常有限的。如果說大自然的恩賜是人類共同的福報，那麼它不僅屬於我們的祖先，屬於我們，更屬於我們的子孫後代。曾經有人說過，我們不是從祖先手中繼承了這個地球，而是從後代手中借來這個地球。如果我們不懂得珍惜，不懂得合理使用，而是像敗家子般任性而爲，那麼大自然賜予的這份福報很快就會被我們揮霍一空。到那時候，我們的子孫又將何以爲生？等待人類的又將是什麼樣的命運？

十六世紀以來，在西方唯物論思想的主導下，人們以爲物質決定意識，物質高於一切。當追求物質利益成爲最高目標，人類也不知不覺地物質化了。我們總以爲，只要有了豐富的物質條件，人類就能過上幸福生活，世界就能獲得和平安定。但在物質文明高度發達的今天，擺在我們眼前的現實卻是：貧富差距越來越懸殊，社會問題越來越多，爲爭奪資源導致的爭鬥也始終沒有停止。由此可見，關鍵不在於生活達到了什麼水準，歸根到底還是人類自身的問題。確切地說，是人類心靈的問題。

佛教認爲，心是主導行爲的關鍵。心淨則國土淨，心染則國土染。只要人類的貪

瞋癡還存在，對能源的過度開發就不會停止，對生態環境的肆意破壞也不會停止。如果我們希望擁有清淨、安定的世界，首先就要淨化心靈，克服內心的貪瞋癡三毒。只有這樣，人類才會有光明的前景。

糾正幸福的觀念

近幾個世紀以來，科技發展爲人類帶來了嶄新的生活。尤其在西方發達國家，物質文明達到了前所未有的進展。雖然中國人窮了很久，但在過去那些缺乏參照的年代，我們並沒有因爲貧窮而心理失衡。改革開放以來，人們驚奇地發現，外面的世界原來如此精采。幾乎在一夜之間，致富成了民眾最爲迫切的願望。我們今天所說的現代化，其實就是一種西化。應當承認，生活富足的確具有誘惑力，而在這一點上，人類也的確擁有平等的權利。各行各業都在與世界接軌，爲什麼我們的生活水準就不能向發達國家看齊？

理論上說，這一要求是合理的。但是，擺在我們面前的事實又是什麼呢？雖然中國擁有九百六十萬平方公里的國土，雖然我們向來以地大物博爲豪，可中國還有太多的人口，這使得我們的平均每人占有的資源和財力數量遠遠低於世界平均水準。但在中國從道德社會迅速走向功利社會的今天，這無法改變的現實並不能阻擋「一切向錢看」的衝動。在民眾心目中，有錢就可以脫貧，有錢就可以達到小康，擁有財富似乎就擁有了幸福。既然財富等同於幸福，只要能得到幸福，自然會不惜一切。

在發展經濟的共同目標下，人們的潛力被徹底激發。遺憾的是，人類的創造力與破壞力往往是成正比的。森林被大肆砍伐，礦產被過度開發，連野生動物也在劫難逃。是的，或許它們都轉換成了我們夢寐以求的財富，但大自然卻因此更爲貧瘠。錢很快就會用完，樹木又需要多久才能成林？生態又需要多久才會恢復？

從另一個角度說，財富能否等同於幸福？我們在世間的生存，的確離不開必要的物質條件。但在基本生存解決後，財富還能爲我們帶來什麼？錢能買到藥品，卻買不到健康；錢能買到食物，卻買不到食欲；錢能買到享樂，卻買不到快樂。

現今很多人對財富的追求，早已不再是爲了維持生計，而是轉向財富的積累。對

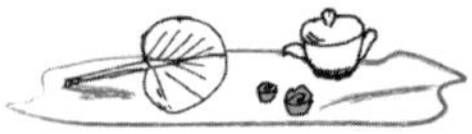

他們來說，財富的意義或許就體現在數字變化上，今天增加一個零，明天又減少一個零，如此而已。問題是一旦陷入這樣的追求，心態就會隨著數字的增減而變化，似乎人生的全部意義就在於此。只要有利可圖，其他的一切算得了什麼？現在有句玩笑話說「窮得只剩下錢了」，這不僅僅是幽默，事實上，正是一部分人的眞實寫照。可悲的是，在整個社會走向這一歧途時，道德解體了，自然破壞了。最後的結果或許就是，整個世界也窮得只剩下錢了。

這使我想起一個故事：從前有個做夢都想發財的人，有一天，幸運終於降臨到他的頭上，甚至遠比他想要得到的更多。因爲他獲得了點石成金的魔力，任何東西只要一經他的手，就會變成眞正的黃金。他迫不及待地將屋子變成黃金的宮殿，然後是花園、街道。當最初的狂喜漸漸平息之後，他想起應當和家人一起來分享這份奇蹟，可他的妻兒也成了冷冰冰的純金塑像。於是他開始感到孤獨，只好安慰自己說：「畢竟，我有了再也用不完的黃金，雖然沒有了親人，但我還可以用金子買到想要的一切。」結果他很快對購物厭倦了，因爲他買來的一切都變成了同樣的金子。最後他開始餓了，這時他才發現，所謂的幸運已為自己帶來最大的不幸，因為所有食物在他手中都成了無法食用的金子。「老天啊，把我的魔力收回去吧！」他哭泣著，懇求著，在飢餓和孤獨中慢慢死去。

如果有一天，我們眞的把自然中的一切都變成了錢，錢能買到的或許也只是錢了，我們又將何以為生？所以說，財富絕不是生活的唯一目標，更不是幸福的唯一保障。

從佛法觀點來看，幸福是由眾緣和合而成的。從個人生活來說，幸福離不開良好的心態和健康的身體。此外，和睦的家庭、眞誠的友誼、純潔的情感，都是幸福不可或缺的組成部分。從整個社會來說，幸福又是建立在世界和平的基礎上。時至今日，不論人與人之間，還是地區與地區之間，乃至國家與國家之間，為掠奪資源爆發的爭鬥始終沒有停止過。當世界失去安寧的時候，生活其間的每個人何嘗有幸福可言？而從生存環境來說，人類命運又是與自然息息相關的。我們的幸福來自大自然的饋贈，來自大自然的哺育，所以保護自然也是獲得幸福的必要前提。只有認識到幸福的眞正

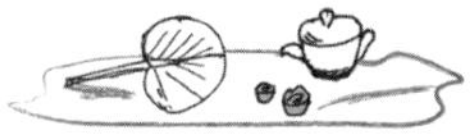

內涵，我們爲尋求幸福付出的努力才能行之有效。

改變生活方式

觀念直接決定了我們的價值取向，也直接影響我們的行爲和生活方式。

生存離不開必要的物質利益，那我們應當如何追求利益呢？從佛法觀點來看，我們的現實利益和長遠利益是一體的，自身利益和社會利益也是一體的。遺憾的是，現在的人很少意識到這一點。這和唯物主義的盛行是分不開的，既然人生是斷滅的，至多不過百年而已，所謂的人生目標自然不可能更長遠，眼前利益也自然高於一切。

這種急功近利的思想，使得人們尋找一切可能致富的捷徑，絲毫不考慮這些短期行爲將會帶來什麼樣的後果。一九八〇年代中期，鄉鎮企業迅速在中國的土地上崛起，在高峰期達到一千多萬家，萬元村乃至億元村都不再是神話。但在農民們富起來的同時，有沒有想過被占用的耕地有多少？被汙染的河流有多少？據有關專家預測，按照現有發展趨勢來看，中國兩百年後將無地可耕。

如果說農村的致富是以喪失土地為代價，都市的繁榮又是以什麼換取的呢？為了滿足我們日益膨脹的物欲，多少資源被無謂地消耗了？僅以包裝為例，每年用於包裝的材料要吞噬多少森林？要製造多少垃圾？我們將有用的資源變成無用的垃圾，僅僅是為了刺激一下人們的消費欲。我們是否想過，帶動消費的同時，就是在鼓勵我們浪費——浪費所剩無多的自然資源！

在市場經濟的主導下，企業的成功在於能否製造商機，商業的繁榮在於能否帶動消費，這一切使我們的生活習慣發生了徹底變化。節儉是祖先們千百年來倡導的美德，但在今天，我們輕易地抛棄這個傳統。僅僅是幾年時間，我們甚至習慣了一次性消費。過去的人，一生也許都用不了幾雙筷子，但免洗筷的推廣，使我們的消耗超出了祖先的幾百倍甚至幾千倍。是的，我們已經有了支持這種消費的財力，但我們是否也有支持這種消費的資源呢？還有那些用完即丟的塑膠袋、免洗的餐盒、免洗杯、抛棄式的盥洗用品……生活固然是多了點便利，地球卻多了難以承載的垃圾。據說在衛星照片上，這樣的白色垃圾已經和長城一樣醒目了。如果這也是現代文明的產物，那

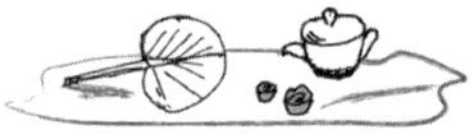

麼只能是文明的恥辱。

生活觀念的改變還表現在對時尚潮流的追逐。每年甚至每季度都會推出的流行時裝，使服裝僅僅因爲款式過時就被我們捨棄。即使是耐用的電子產品，同樣在以驚人的速度更新換代。我們已經有了彩色電視，電腦也可以繼續使用，但既然廠商推出了更新的型號，爲什麼就不能換台新的？爲什麼一定要像從前那樣物盡其用？不知什麼時候開始，「舊的不去，新的不來」已然成了現代人的消費口號。需要指責的只是製造商嗎？事實上，我們的消費觀也在決定製造商的投資取向，彼此的關係是相互的。

佛法認爲，任何行爲都需要有因和緣的推動，兩者缺一不可。從這個角度來說，所謂的市場導向其實只是一種外緣，是一種鼓動消費的增上緣，關鍵還是在於我們自己。如果我們懂得惜福，如果我們不是那樣喜新厭舊，不是那樣積極響應商家推出的每一款新品，市場的需求就不會那麼大，對資源的消耗就不會那麼快，製造的垃圾也不會那麼多。

如果我們將自己定位爲一個自然人，基本的衣食住行實在所需無多。但如果我們將自己定位為一個現代人，一個走在時尚尖端的現代人，那我們的需求就會永無止境，對自然的消耗也會永無止境。所以人類要改變生存環境，就必須從根本上改變觀念，回歸簡單自然的生活方式。我們的需要越多，付出的也就越多。科技發展了，生產力提高了，但我們的生活並沒有因此而變得輕鬆。正好相反，現代人普遍感覺活得很累，在競爭的壓力下不堪重負。我們不僅累了自己，更累了哺育我們的自然。

正確認識人與自然

千百年來，人類依賴自然的給予而生活。同時，我們對大自然的探索也始終沒有停止，希望以此改善生存條件。那麼，人類與自然究竟應當是一種什麼樣的關係呢？

中世紀，神學占據歐洲文化的主導地位。對上帝的信仰，使得回歸神的懷抱成為人生唯一的歸宿。啓蒙運動之後，隨著人本思想的興起，人生觀和價值觀發生了極大的變化，人類也得以重新確立在這個世界上的地位。人與自然的關係開始傾向於二元對立，從上帝之子、自然之子轉而成為地球的主人。人類不必臣服於上帝，更不必臣

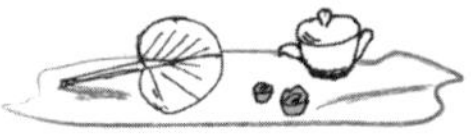

服於自然，恰恰相反，萬物不過是爲我所用的消費品，自然不過是生產手段的提供者。人類在欲望的慫恿下，將征服自然當作理所當然的權利，向大自然無盡索取，以滿足人類最大限度的需求。

在東方傳統文化中，人類與自然的關係是統一的。儒家崇尚天人合一的境界，將人與自然的和諧視爲人生的眞正享受，將人與自然的感應視爲人生的最高境界。

佛教更進一步提出「依正不二」的思想。所謂「依正」，即依報和正報。佛教將人類稱爲正報，將我們生存的世界稱爲依報。正報和依報是息息相關的，依報敗壞了，正報則無以生存。佛教認爲世界是緣起的，它的存在和毀滅來自條件的成敗，來自因緣的聚散，所謂「有因有緣世間集，有因有緣世間滅」。那麼，它的發展規律是怎樣的呢？佛陀告訴我們：「此有故彼有，此生故彼生；此無故彼無，此滅故彼滅。」這一偈頌揭示了事物存在的內在關係。人與人的關係、人與自然的關係、自然與自然的關係，都是互相影響的，一榮俱榮，一損俱損。破壞大自然，和大自然對立，無疑會使人類自取滅亡。

大自然孕育了人類，過去我們總是將自然比作母親。尤其在人類生活的早期，萬物有靈的思想曾經盛行於世界上的各個民族，這也使生態得到了很好的保護。隨著科學的發展，自然的奧祕被不斷被揭開來呈現在我們面前，人類開始變得狂妄。同時，自然也開始失去安寧。但不論我們是以什麼樣的態度對待自然，都無法改變人與自然的關係。畢竟我們生於斯，長於斯。我們建造了鋼筋水泥的城市，製造了現代科技的產品，但從過去、現在到將來，我們的生活從來離不開腳下這片土地。現代化環境雖能爲生活帶來諸多便利，卻不能滋養我們的心靈。只有回歸自然，才會使我們眞正放鬆，才會緩解緊張生活所帶來的壓力。

在今天這個商業社會，似乎只有財富才是至高無上的。可是和大自然的給予相比，一個人擁有的財富又算得了什麼？是自然爲人類提供無盡的資源，使人類得以延續並發展。如果沒有汽車、電話，人類一樣可以生存，但如果沒有糧食和水，人又能生存多久？更不必說我們須臾不可離開的空氣。所以，大自然提供的一切才是生存最基本的需要。我們離不開太陽的光明，離不開江河的哺育，更離不開大地對我們的負

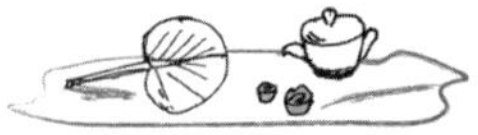

載。

現代化的生活環境需要透過勞動去創造，而大自然的給予卻不需要我們用金錢去交換。我們只要懂得珍惜，懂得保護，就能永遠享有。如果我們爲了眼前的一點利益，而以破壞自然爲代價，無疑是飲鴆止渴。現在有句話說「年輕時用健康換金錢，年老時以金錢買健康」。我們都知道，健康不是金錢可以買到的。同樣的道理，我們現在或許能以自然換來金錢，將來我們還能以金錢買來大自然曾經無償爲我們提供的一切嗎？或許有人會說，河流汙染了，我們不是還有瓶裝的礦泉水可以喝嗎？那麼到大氣汙染得無法呼吸的那一天，我們又去哪裡採集新鮮空氣出售呢？即使可能，我們爲購買空氣所付出的費用，又需要多少勞動才能換來呢？

儘管人類對宇宙的了解已經越來越多，但至少到目前爲止，還沒有發現比地球更適合人類居住的星球。所以，地球是我們唯一的家園。當居住的房子倒了，我們可以搬家；當生活的城市毀了，我們可以遷徙；可當我們生存的地球趨向毀滅，人類又到哪裡尋找安身立命之地呢？

我們必須改變人類中心論的觀點，從自然的使用者、破壞者，成爲自然的守護者。不論我們出於什麼樣的動機毀壞自然，都等於是在謀害自己的母親。那麼，人類可能在這樣的罪行中倖免於難嗎？所以，我們應該像對待母親一樣去對待大自然，像尊重母親一樣去尊重大自然。只有這樣，我們才會繼續得到自然的呵護，才會在大自然像母親般的懷抱中獲得安寧。也只有這樣，人類才不會在背棄自然的任性行爲中走向毀滅。

培養良好的心態

人類之所以爲萬物之靈，是因爲有一顆不同於動物的心。煩惱和痛苦，是來自心的感覺；快樂和幸福，也是來自心的感覺。我們要充分認識到心的作用，正是它，直接或間接地影響著世界。從這個意義上說，生態環保能否見效，關鍵就在於我們以什麼心態對待自然。

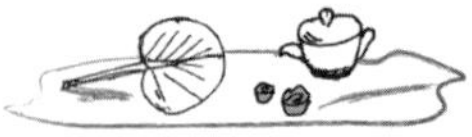

感恩心

人類總是不停地追逐，卻不懂得對已經擁有的一切心懷感恩。我們能擁有明亮的眼睛就是財富，因爲對盲人來說，絢麗多姿的彩色世界是不存在的；我們能擁有清晰的聽覺也是財富，因爲對聾者來說，悅耳動聽的音聲世界是不存在的。所以我們要感恩父母給予自己健全的色身，僅僅就這一點來看，我們是多麼富有和幸運啊！

同樣，我們要感恩大自然的饋贈。假如有一天，太陽不再如期而至，地球會陷入黑暗；假如有一天，江河不再提供水源，人間會成爲廢墟；假如有一天，空氣不再充盈天地，世界就會令人窒息。我們享受著陽光和空氣，卻不必爲此付出任何費用。我們已經習慣了這樣的免費享受，習慣到熟視無睹的地步。滴水之恩，尚要湧泉相報，我們從自然中得到的，又豈止是滴水之恩？如果說我們有享受自然的權利，那麼同樣有保護自然的義務。不僅是爲了使用自然而珍惜它，更是爲了表達一份感恩的心。

佛陀告訴我們，世界會經歷成住壞空的過程；天文學家也告訴我們，地球會有毀滅的一天。按照正常發展規律，距離這一天的到來還非常遙遠，其最終結果也不是人類所能左右的，但我們的行爲卻會加快或減緩它的毀滅速度。尤其在今天，被現代科技武裝起來的人類，破壞力已遠遠超過從前。人類生活早期，祖先們也砍伐過森林，也捕殺過動物，但這些行爲所造成的後果，與自然的豐富蘊藏相比，還是微不足道的，尙不足給世界帶來毀滅性的災難。或許正是自然的寬容，將人類縱容到今天這種忘恩負義的地步。但自然不會永遠沉默，事實上，頻頻發生的自然災害，正是它向人類發出一次又一次的警告。如果我們還不能反省，繼續隨心所欲地生活，無疑是在加速自己的滅亡。工業時代到來之時，人類爲滾滾向前的歷史車輪而歡呼。如果我們知道自己搭上的只是奔向末日的列車，還會要求它快一些、再快一些嗎？

大自然不僅爲我們提供了賴以生存的物質，更以它的寧靜祥和滋潤我們的心靈。世上還有什麼比大自然展現的美更豐富的嗎？還有什麼比大自然帶來的享受更令人心曠神怡的嗎？遺憾的是，現代人似乎已經忽略了自然的存在。我們每天想到的只是金錢、事業，想到的只是複雜的人際關係，喧鬧的聲色刺激。我們沒有閒暇去欣賞田園風光，沒有心情去感受鳥語花香。電力使城市徹夜燈火通明，卻使皎潔的月光變得暗

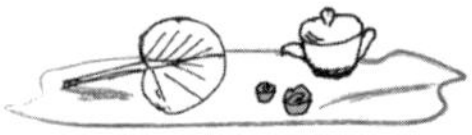

淡，我們已很難理解古人對明月的眷戀，也不再對它帶來的清涼心懷感恩。當詩情畫意從生活中悄悄溜走時，我們越來越浮躁的心又靠什麼去滋潤呢？

從鋼筋水泥的建築中走向郊外吧，在自然的懷抱中放鬆身心，體會一下清風帶來的慰藉，泥土帶來的芬芳。只有當我們眞正懂得享受自然的時候，才會由衷感激它的給予，才會珍惜它的一草一木。而不是去汙染江河，那是自然的血脈；不是去破壞植被，那是自然的毛髮；也不是去掠奪礦藏，那是自然的骨骼。如果說自然對每個人都是平等的，那麼它不僅屬於今天的我們，也屬於我們的後代。我們是繼承者，但絕不是唯一的繼承者。

尊重心

佛教認爲我執是人類一切煩惱的根源，正是因爲這種強烈的我執，我們才覺得一切都要爲我所用。這種錯誤的認識，不僅導致人與人之間的爭鬥，也導致人與自然之間的衝突。我執不僅爲我們帶來煩惱，也帶來暴力和毀滅。我們只有正確認識人與自然的關係，尊重自然的發展規律，才能與自然和平相處。所以說，生態文明就是建立在人類與自然的平等關係上。

大自然有它既定的運轉規律，一年四季，播種有時，收穫有時；世間萬物，出生有時，消亡有時。與自然的存在相比，人類歷史是極其短暫的。但自我中心主義的盛行，卻使人類妄想成爲自然的操控者。我們隨意地開發自然，試圖將地球改造爲一個巨大的施工現場，除了製造一個人爲的機械世界，我們能製造出崇山峻嶺，製造出江河湖海嗎？我們可以種植草坪，但能種植出草原嗎？我們可以發電，但能與太陽提供的能量相比嗎？

我們還根據自我需求來決定動植物的命運。儘管現在已經有了野生動物保護法，但被保護的只是珍稀野生動物而已。與此同時，人類每天又屠殺多少家禽？我們何嘗考慮過動物的生存權？在現代化的飼養場，家禽從生到死都被固定在牢籠似的方寸之地，吞吃含有生長激素的飼料，只是爲了讓它們盡快走上人類的餐桌，結果卻是讓人類間接吞吃那些人工飼料。爲了糧食豐收，我們大量製造並使用殺蟲劑，姑且不說由

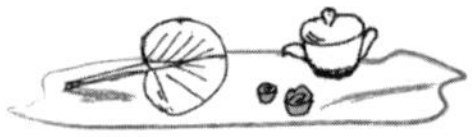

此造下的殺業，我們最後又得到了什麼？糧食似乎多了，但都是被農藥汙染過的慢性毒藥，結果是我們爲了生存不得不每天服毒。隨著醫學研究的深入，我們研製出越來越多的抗生素，但人類並沒有在和細菌的對抗中遠離疾病。事實上，新的耐藥性細菌不斷出現，無休止地與人類展開對抗。

我們以爲有了科技的武裝，就可以隨意改造自然，可以創造出一整套嶄新的發展規律。當我們陶醉於舒適的生活環境，可曾想到安樂只是暫時的，更大的災難還在後面。如果我們不尊重自然的規律，不順應自然的法則，只能將人類和自然共同推向不斷毀滅的惡性循環之中。

愛心

我們懂得愛他人，才有資格接受他人的愛，也才有因緣得到他人的愛。在我們的成長過程中，有父母和兄弟姊妹的愛，有妻兒和朋友的愛。如果我們不懂得珍惜，不給予相應的回饋，這份愛就會像無源之水般逐漸枯竭。

我們和自然的關係也是同樣。大自然對人類的愛，似乎沒有任何條件，又似乎無窮無盡。但如果我們對世界缺乏愛心，不去創造愛的因緣，我們擁有的一切很快就會結束。是的，自然的給予不需要我們用金錢去交換，但它需要一份愛心，一份珍惜。在人類出現之前，地球是富饒的，綠色的。千萬年來，大自然無償地哺育著人類。但它也是有血有肉的，在它的血肉被不斷榨取後，它也需要愛護，需要休養生息。

讓我們停止那些釜底抽薪式的掠奪吧！讓我們用行動來保護自然，用愛心來慢慢撫平自然的傷口。我們愛護河流，江河才會流淌清潔的水源；我們愛護植物，大地才會成爲美麗的花園；我們愛護動物，動物才會成爲人類的朋友。

今天，地球上的物種已經越來越少，不僅如此，它們還在以更快的速度消失。如果我們不停止盲目的破壞，不加以保護，終有一天，會成爲地球上的孤家寡人。在一切生物的末日來臨時，人類的末日還會遠嗎？佛教所提倡的不殺生，正是基於對一切有情的慈悲。現代社會提倡人權，但佛教在兩千多年前就提出了「眾生權」。慈是給予眾生安樂，悲是拔除眾生痛苦。我們要以這樣的慈悲之心對待一切眾生，不僅杜絕

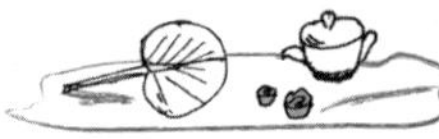

殺生，更要積極地放生和護生。如果我們能對動物付出愛心，同樣能對人類付出愛心，爲社會帶來「我愛人人，人人愛我」的和樂景象。從這個意義上說，慈與悲就是愛心的昇華，是對自然最有力的保護措施，也是實現人間淨土的力量。

3
濟群法師談「斷捨離」

—— 二〇二二年八月講於甘露別院

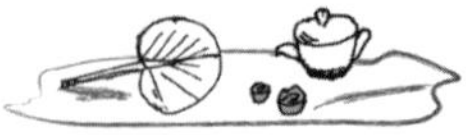

我們的生活美學推出了「斷捨離」的課題，很有意義。斷捨離的觀念流行已久，大家應該聽說過，也有人或多或少地實踐過。爲了推廣專案，我和專案組做了一些溝通，也在網路上查詢相關資料，發現斷捨離正和我們倡導的禪意空間、靜心慢生活相吻合。

禪意空間的特質，不僅是體現某種風格，更重要的，是傳達相應的生活理念乃至人生態度。在設計上，「空」是其指導思想和特色所在。別院的各個空間，從材料選擇、物品陳設到色彩搭配，無不遵循簡約的原則。身處這樣的空間，心就容易靜下來。同時我們也發現，禪意空間對使用者的要求很高。如果缺乏素養，不能善加使用和維護，再好的空間也會逐漸走樣，最終像倉庫般凌亂不堪。這就需要身在其中的人保持簡約、有序的生活，才能與禪意空間相得益彰，彼此滋養。簡約，即東西少，否則就無法空靈；有序，即作息規律，物品整齊，使用後各歸其位。這是打造禪意生活的關鍵，也是斷捨離的核心。後者的長處在於，爲我們提供具體的操作細節和實踐經驗。

進一步，我們還要看到斷捨離蘊含的修行高度。斷捨離的關鍵是捨，修行也是不斷捨棄貪著的過程，正如《入菩薩行論》所說：「捨盡則脫苦，吾心成涅槃。」貪著無非兩種，一是對自我的貪著，一是對世界的貪著，又稱我執和法執。當我們對自我和世界不再有任何貪著，才能成就解脫，走向覺醒。帶著這樣的見地修斷捨離，就是和解脫相應的法門。

所以說，斷捨離既能提升生活品質，還能增上修行，淨化身心，是世間法和佛法的有效結合。

何爲斷捨離

斷捨離的緣起

斷捨離的觀念，是日本雜物管理諮詢師山下英子在二〇〇〇年提出的。其後，她在各地舉辦講座，影響日增，並於二〇〇九年出版《斷捨離》一書。本書於二〇一三

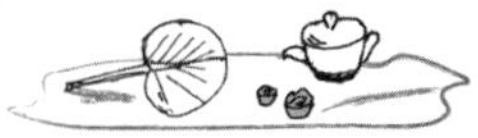

年傳入中國後，引起極大反響，累計印量達數百萬冊。

爲什麼斷捨離會引起那麼多共鳴？因爲它針對現代人普遍存在的問題，提出一系列解決方法。當代社會物質豐富，我們擁有的衣物和用品，可能是古人的百千倍之多。很多人家中塞滿東西，需要時卻遍尋不著，嚴重影響生活品質。基於這一狀況，出現了專事整理的從業者，幫助大家清理並收納物品。但如果不能從根本上改變生活方式，繼續不斷地買買買，這種整理是難以長期奏效的。

山下英子在大學期間就學習瑜伽，她受印度瑜伽哲學的影響，從「斷行、捨行、離行」的思想中，提取出「斷捨離」的理念。一般所說的斷捨離，局限於對物品的處理，事實上，它還關係到我們的生活方式，關係到人生觀、價值觀、世界觀。只有依斷行、捨行、離行的指引調整生活，取捨得當，才能使物品爲我所用。否則，生活往往在不知不覺中就被海量的物品包圍。

斷捨離的含義

「斷捨離」有三層含義。一是斷，斷絕不需要的東西，包括不購買、不收取。這樣一來就需要清楚知道，哪些是自己眞正需要的。看看我們的周圍，究竟有多少是必需品？很可能，整個生活都被可有可無的東西包圍著。二是捨，捨棄多餘、無用的物品。三是離，脫離對物品乃至欲望的執著。

三者是有次第的。斷，是不製造問題；捨，是處理已有問題；離，是鏟除問題根源。

斷捨離源於印度的文化傳統。印度宗教眾多，思想各異，但普遍以輪迴和解脫爲核心。他們認爲輪迴是痛苦的，人之所以落入輪迴，是因爲欲望的束縛。只有斷除欲望，才能擺脫輪迴，導向解脫。基於此，這些宗教強調禁欲和苦行，希望透過自苦其身來斷欲並解脫。據說，印度至今仍有五百多萬人在修苦行，有人高舉右手四十多年不放下，還有人持牛戒、狗戒、豬戒，過著動物般的生活。不僅印度如此，世界其他宗教也曾在不同程度上崇尚苦行，以此對治欲望。那麼，佛教是怎麼看待這個問題

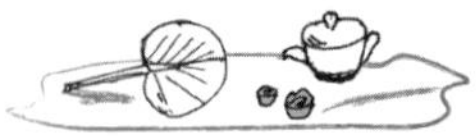

的？

佛陀修行之初，也經歷過艱苦卓絕的自我折磨，最終發現苦行並不究竟，所以提倡中道。一方面要少欲知足，擺脫追逐欲望的本能；一方面要遠離無益苦行，即單純爲吃苦而吃苦、無意義的極端行爲。而對有益解脫的苦行，佛陀是認可的。如早期提出的四依、頭陀行等，在世人看來也近乎苦行，但目的是爲了斷除貪欲，精進修行。

此後，佛陀又根據眾生根機制定一套戒律，如別解脫戒、菩薩戒等。制戒的目的是透過對行爲和生活方式的規範，爲修行營造清淨的心靈氛圍。在此基礎上，才能進一步得定發慧。

戒包含「此應作」和「此不應作」。從某種意義上說，斷捨離也有戒的內涵，即「此應捨」和「此應取」。在清理物品的過程中，我們要觀察內心的取捨，以此梳理人生。這將直接關係到我們怎麼生活，怎麼看世界，怎麼選擇未來。所以斷捨離是可深可淺的，可以是整理技術，也可以是生活哲學、人生智慧。在佛法正見的引領下，還可以和解脫相應。

斷捨離的對象

斷捨離，到底斷什麼？我們通常想到的是把多餘物品扔掉或送掉。其實，這只是第一步。這三個字蘊含的哲學，還包括對人生方方面面的審視，主要有以下六個方面。

生活用品

受西方生活方式的影響，整個世界都在無節制地開發資源，提高產能。有些企業要求業績逐年翻倍，今年做一百億，明年做兩百億。爲了完成業績，每年得賣掉幾億件衣服，如此一來就必須不斷刺激消費。過去，是因爲有人需要買，廠商才生產衣服。現在卻是廠商爲了賣，讓你覺得自己還需要衣服。這個需要是怎麼產生的？直播主帶貨、商家炒作、時尚潮流、基於大數據的精準推送……總有一種方式，會讓你不停地買買買，於是房間就堆進了數以百計的衣服和鞋。結果是，有的連吊牌都沒拆過，就直接被丟棄了。

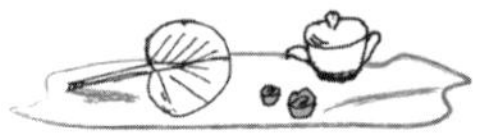

從衣物本身的功能來說，我們眞正需要的有多少？一年四季，能穿幾件衣，穿幾雙鞋？有人認爲花自己的錢買東西理直氣壯，卻沒想過，這種過度消費是在耗用地球資源，耗用人類共同的福報。而資源是有限的，福報也是有限的，事實上，這種消耗已導致嚴重的生態危機，不僅造成天災，更是帶來人禍。

所以我們必須改變對消費的認識，準備買東西時，考慮一下，是不是自己眞正需要的。很多時候，我們只是因爲一念心動就買了，擁有後卻發現並不是自己想要的，也沒那麼喜歡，甚至想不起究竟爲什麼要買。這一步很重要，只買自己需要的，物盡其用，才是對資源的有效利用。同時，也不會給生活製造不必要的累贅。

對此前已經製造的問題，要學會選擇、整理和捨棄，只留下確實有用的部分。這兩天的課程會介紹一些具體做法，包括怎麼將物品分類，怎麼選擇自己需要的，以及看待物品的正確態度。總之，物品只是生活的輔助，是給人帶來方便而非麻煩的。

資身飲食

飲食是生存的基本需求，但也會帶來疾病等隱患，所以古人有「病從口入」之說。現代的各項研究充分證明，不當飲食會引發眾多疾病。據有關資料顯示，中國的各類慢性病患者數量日增，未來五年間，用於醫療的費用將達八萬億人民幣。這是多麼驚人的數字！在影響健康的因素中，除了作息混亂、壓力過重、負面心態等問題，胡吃海塞帶來的危害也不容忽視。

所以我們需要對飲食做斷捨離，知道哪些食物是有益健康的，哪些是需要避免的。比如肉食，且不說殺生的危害，僅從家畜的生長過程看，就問題重重。以前的家畜是自然生長的，但現在爲了快速贏利，生長週期縮短了一半甚至更多。爲了催熟要用激素，爲了防病要用抗生素，短短幾個月，牠們在合成飼料和藥物的相伴下，走上人類的餐桌。這樣的肉食，積累了多少毒素，隱藏了多少危害？相比之下，雖然蔬菜也使用化學肥料和農藥，但還可以清洗，可以選擇有機或綠色、無公害蔬菜，整體會更安全。

關於飲食的斷捨離，主要有三點。

首先，選擇健康的食物。食物是吃到肚子裡的，還會參與全身的新陳代謝，不是放到抽屜不動的。一旦吃下去，想丟就不容易了。尤其是現在，有些商家爲了牟利不擇手段，違規添加，消費者必須慎重選擇。同時要了解相關知識，一是選擇適合自身體質的食物；二是學會健康烹飪，避免重油重鹽重糖的危害；三是看懂營養標示，少吃或不吃添加劑過多的超加工食品。當然適量也很重要，再健康的食物，只要超量就適得其反了。

其次，在合適的時間吃。古人說「不時不食」，這個時包括三餐時間和食物的季節與時令。從養生的角度，早餐要吃好，午餐要吃飽，晚餐則少吃或不吃。佛教提倡過午不食，即使吃也是像服藥那樣，解決飢餓即可，不可貪味。但現在很多人的習慣正好相反，早晨隨便抓個東西邊走邊吃，起晚了乾脆不吃；中午在公司隨便對付一下；晚上卻大吃一頓，不時還加頓宵夜。長此以往，勢必影響消化、睡眠乃至免疫力，導致各種疾病或處於亞健康的狀態。此外，儘量選擇自然成熟的當季作物，而不是反季節農產品。

第三，和食物保持一定距離。佛教戒律規定，僧團要把用齋和存放食物的處所單獨結界，即劃定範圍。只有在這個範圍內才能吃東西，否則就不吃。這是有效的阻斷方式，否則，我們很容易在正餐外，不知不覺地吃下各種零食。尤其是現在，大部分零食含有多種添加劑，既增長貪欲，又損害健康。

做到這幾點，可以建立正確的飲食習慣，在適合的時間，吃適宜、適量的食物。這點極其重要，因爲飲食是人最基本的兩大貪欲之一，稍有不慎就會落入串習。

人際關係

踏入社會，就伴隨著各種人際關係，使人忙於應酬和各種活動。那麼，這些交往對我們的生活、工作、人生成長有沒有正向幫助？還是出於無聊或不會拒絕，結果爲了應酬而應酬，爲了活動而活動？怎麼審視這些關係？

「近朱者赤，近墨者黑」的古訓，揭示了人際關係對成長的重要性。佛典也告訴我們，要選擇善知識和善友，才於自身成長有益。如《瑜伽師地論》將「親近善知識」當作四法行之首，《長阿含經》將「親近善友」視爲三成法之先，是增上修行的重要助緣。反之，和狐朋狗友在一起，無非是吃喝玩樂，一味放逸，甚至沾染黃賭毒的惡習，走上犯罪道路。

這就必須做出選擇。尤其在成長階段，容易受環境影響，更要慎重對待。對善友，見賢思齊，虛心學習；對惡友，保持距離，引以爲鑑；對非善非惡的一般關係，適度交往，不迎不拒。此外，有些情感糾葛不僅讓自己痛苦，還會給他人帶去麻煩，也要理智分析，當斷則斷，而不是沉淪其中。

身爲學佛者，當我們有了一定的能力和定力，就要從利他的角度重新看待這個問題，不僅考慮對自己的幫助，更要考慮能給對方提供什麼幫助。從發心上，可以擴大到一切眾生，不論善惡都是我們利益的對象；在實際操作上，則要選擇與己有緣者，即能夠對他產生幫助的。如果不加選擇，什麼人都去幫，不僅難有效果，還可能產生副作用，白白耗費精力。所以慈悲是離不開智慧的，這樣才能在不捨眾生和審時度勢中找到平衡，眞正達到利他的效果。就像種田地，要觀察哪些可以播種，哪些需要開墾，哪些只能暫時休耕。如果盲目播種，可能種子撒完了，結果卻什麼都長不出。

總之，人際關係要從自利和利他兩方面判斷，定位不同，標準也不同。

言行舉止

我們需要對生活加以審視，問問自己：從早到晚，時間是怎麼安排的？做了哪些事？其中哪些是有價值的？哪些是眞正需要做的？如果不加審視，時間會在不知不覺中就消耗了。與人閒聊，聊了半小時；打個妄想，打掉一小時；刷刷微信，逛逛淘寶，看看短影片，又過去幾小時。事實上，這正是很多人的日常。尤其是手機普及以來，多少人沉溺其中，難以自拔。我們有沒有想過，自己消耗的不是時間，而是生命？

日復一日，年復一年，時間過得眞是很快。一轉眼，我出家時的老和尚們都走了，我也成了老和尚。尤其是這些年，大家應該對無常有了更深的感受。新冠疫情前，雖然社會也是日新月異，但穩定性相對較高，容易給人帶來常見的假相，以爲努力就能達成既定目標。但現在會發現，無常來勢凶猛。從疫情的持續波動，到日益嚴重的國際衝突、自然災害，到處充滿著不確定性。不管我們當下是老年、中年還是青年，誰都不能保證，今生的餘額還有多少。可能還有幾十年，也可能只剩明年，甚至明天。即使還有幾十年，能夠用於修行的時間還有多少？

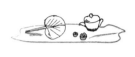

每天的定課中，我們都在憶念人身的暇滿、義大、難得，有沒有把這樣的認識落實到心行？有沒有提醒自己，珍惜光陰，善用時間？我們的身口意三業，有多少在正念中，多少在妄想中？有多少具有價值，多少只是虛度？

今天，整個環境都是和貪瞋癡相應的，特別需要對身口意三業做出斷捨離，捨棄沒價值的放逸行爲，建立有意義、有規律的正念生活。從每天起床後，上午做什麼，下午做什麼，晚上做什麼，要有明確的時間安排，精確到小時甚至分鐘。有了指標，我們就知道什麼時候該做什麼，不該做什麼。

從佛法角度看，時間只是根據物體運行設定的，本身是假相。但同時，它也可以是生命的計量方式，體現我們對暇滿人身的使用。有效規劃時間，帶著正念去生活、做事、修行，才能遠離顛倒妄想，擺脫放逸串習，實現人身的最大價值。

內在貪著

相對於捨棄物品來說，捨棄貪著是最難的。貪著的根源，在於對自我和世界的依賴。如果不能捨棄貪著，即使把所有物品清理掉，要不了多久，又會故態復萌，回到原點。這就必須擁有清淨自足的心，才能擺脫貪著。也就是說，擁有只是爲了「物品本身的功用」，而不是爲了「擁有的感覺」。

過去曾經流行「某某控」，即你貪著什麼，就會受制於什麼。一旦被控制，就意味著生命需要依賴，不再自由。失去這些依賴時，我們還會失魂落魄，痛苦萬狀。人爲什麼被控？爲什麼會有這些痛苦？並不是飢寒交迫所致，也不是生存受到影響，只是渴求而不得的失落。問題在於，這些渴求和被控是我們製造的。如果沒有渴求，生命本是自由且自足的。

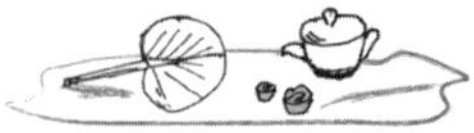

所以，斷捨離的核心是放下對物品的依賴，進而放下對自我和世界的貪著。所以我們需要透過禪修，用正念照破依賴和貪著，看清這些念頭只是心靈天空的影像，是掌控不了我們的。

心靈垃圾

唯識宗告訴我們，修行是轉依的過程。所謂依，是代表你現前的存在。我們不妨問問自己：到底是正念的存在，慈悲的存在，智慧的存在，溫良恭儉讓的存在，還是貪婪、瞋恨、嫉妒、傲慢、焦躁、抑郁、無聊的存在？現在的人多半屬於後者。爲什麼會這樣？爲什麼我們的心總是充滿垃圾？

因爲每個起心動念不是發生後就結束的，還會在內心留下痕跡，播下種子。如果不加選擇，只是順著串習行事，留下的一定是不良心行。因爲凡夫生命是貪瞋癡的延續，會習慣性地貪，習慣性地瞋，習慣性地不知不覺。要改變這點就必須透過禪修培養覺知力，看清心中有些什麼，當下又是什麼心所在活動。只有看清了，才能加以抉擇，發展正向心行，捨棄負面心行。

剛開始，覺知力是有限的，即使看到也沒能力做出改變。因爲串習是無始以來的積累，積重難返。這也就是很多人說的，「道理我知道，就是做不到」。但再難也要去做，否則垃圾會日積月累，把人圍困其中。

轉依是轉變生命的存在，開發覺醒、解脫、慈悲大愛的良性潛能。這個過程需要捨凡夫心，發菩提心。所以斷捨離不僅是消極的放棄，同時也在積極開顯。生命本來具足無盡寶藏，只是被無明所覆，雖有若無。唯有捨棄心靈垃圾，我們才有能力開發生命的美好。

所以從根本上說，斷捨離是要捨棄貪瞋癡。

現代人爲什麼不容易斷捨離？

聽了斷捨離的道理，多數人都會表示認同，但眞正要斷的時候，又覺得沒那麼容易，所謂知易行難。爲什麼會這樣？我覺得有以下幾方面原因。

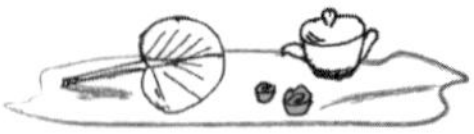

缺乏宗教信仰

宗教信仰和斷捨離有什麼關係？

首先，宗教信仰可以讓我們確立終極目標。一旦找到根本所在，物質自然沒什麼吸引力了。比如有的宗教以升天爲終極目標，會認爲塵世一切都是虛幻、短暫的，不必貪戀。其實斷捨離的核心不是扔東西，而是對事物做出重要與否的排序。這樣就知道捨什麼，爲什麼捨。當多餘物品占滿空間時，我們很容易看到這些東西，卻往往忽視了，多餘的人際關係、心靈垃圾會消耗生命能量，讓人身心疲憊，所以這種取捨對生命發展更爲重要。從學佛來說，終極目標是覺醒和解脫，進而帶領一切眾生走向覺醒和解脫。凡是和這一目標不相應，甚至會產生障礙的，都要主動棄捨。

其次，宗教信仰可以讓人長慈悲，開智慧，斷除貪瞋癡串習。世間的智者也推崇愛和智慧，但唯有佛法才能把這兩種特質開發到極致。佛法所說的慈悲，是無緣大慈，同體大悲，是徹底的無我，圓滿的利他。而世人常說的愛，往往是有我的。即使某些宗教倡導的博愛，也有教徒和異教徒之分，不能包容一切。佛法所說的智慧，是了悟人生眞相、解脫一切煩惱的大智慧。具備這樣的智慧，就能看清「一切有爲法，如夢幻泡影」，還有必要執著嗎？這就爲斷捨離提供了重要的思想基礎。

有人可能會說，中國有那麼多佛教徒，西方人也有宗教信仰，他們對世間的貪著似乎和一般人差不多，並未減少。爲什麼這樣？原因在於信仰的深淺。許多人所謂的信，其實是爲世俗生活服務的。比如有人到寺院燒點香，拜下佛，供兩個水果，目的是爲了多賺錢，保平安，祈求一切順利。這不是眞正的信仰，自然也達不到信仰所能起到的作用。

忽視精神追求

精神追求這個詞，大家並不陌生，但要進一步問「你有什麼精神追求」時，很多人就語焉不詳了。在我們的生活中，從電視裡到手機中，從馬路上到電梯間，到處是關於物質追求的廣告，五光十色，奪人眼球。當六根被這些訊息不斷刺激並占據的同時，精神追求的空間就一再被擠壓，被呑噬。

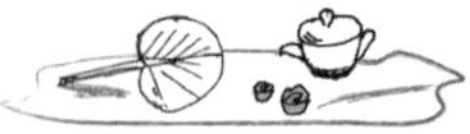

另一方面，人們也能看到物質是朝不保夕的，今天擁有，不等於明天擁有，更不等於永遠擁有。這樣一來就加劇了不安全感。就像一個人落入海中，抱住什麼在那裡漂著，讓他放下是很難的，因爲他害怕一放下就沉了。同理，當我們把依賴全部寄託於物質，只會想著多多益善，哪裡還肯斷、肯捨、肯離？問題是，執著並不能保住什麼，反而讓我們在擁有時更緊張，失去時更痛苦。

怎麼解決這個問題？古人推崇孔顏之樂，這種樂是不受物質左右的，即使在「一簞食，一瓢飲，在陋巷，人不堪其憂」的境況下，依然能不改其樂。在瞬息萬變的今天，如果我們想要找到內心的安定和富足，同樣要注重精神追求。這才是安身立命的所在，不會因外境變化而動搖，也不會因物質多少而損耗。有了底氣，就能從容做出取捨，而不是盲目囤積，什麼都要牢牢抓著。

推崇物質至上

過去，人們嚮往的是道德、智慧，視德才兼備者爲榜樣。現在，人們羨慕的是財富、聲色，以財富排行榜爲成功標準。一般大眾雖然上不了排行榜，也熱衷於攀比，比如做的事業有多大，住的房子有多貴，開的車子有多豪。在這樣的價值系統中，我們會將物質賦予很多象徵功能，把物質和自我緊緊捆綁在一起，認爲物質就代表著成敗與否，價值高下。既然物質這麼重要，當然就不能捨棄。這也是我們不容易斷捨離的原因。

我在給企業家們講課時，經常會講到成功觀。一般的成功觀，是從事業、財富、地位來衡量，非常狹隘。因爲這些並不是人生的全部，如果一個人事業很大卻道德敗壞，財富很多卻爲富不仁，地位很高卻貪贓枉法，難道代表這個人很成功嗎？所以，我們要從人生而不僅僅是物質來看待成功。

儒家的成功觀是以做人爲出發點，從立德、立功、立言去衡量。立德是完善自我，以德感人；立功是建功立業，服務社會；立言是著書立說，教化民眾。而佛教的成功觀是以解脫爲基礎，以自利利他、自覺覺他爲圓滿。樹立這些目標，我們就不會對物質戀戀不捨了。

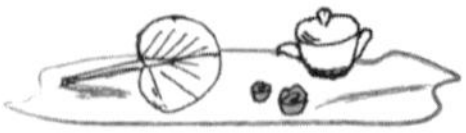

無力擺脫依賴

很多人在做斷捨離時，總覺得這也有用，那也有用，難以擺脫對物質的依賴。一方面是缺乏精神追求，推崇物質至上；一方面是缺少戒定慧的修行，對物質依賴成性，即使想捨也身不由己。前者屬於觀念偏差，後者則是心力不足。

所以我們不僅要看清物質眞相，建立精神追求，知道什麼才是最有價值的，還要增長定力。只有安住正念，才能從客觀的角度審視物品，以及由此產生的心念。一心想買或捨不得丟時，知道這些只是念頭，不代表生命的眞正需要。當我們放下依賴，就能根據生活的實際所需做出選擇，當斷則斷，當捨則捨，而不是被依賴和貪著左右，在捨和捨不得之間來回糾結。

沒有布施之心

因爲對物質的貪著和吝嗇，有人賺了錢、買了東西之後，覺得這也好，那也好，哪怕自己用不完，放壞了，也捨不得給出去。還有人雖然不看重物質，但缺乏布施意識，沒有和人分享的習慣。這些也是斷捨離的障礙。

對治這些問題，就要認識布施的意義，培養利他的意樂。在六度四攝的菩薩行中，都以布施爲先。六度是以布施爲基礎，然後修習持戒、忍辱、精進、禪定、般若；四攝也是以布施爲前提，進而修習愛語、利行、同事。由此，可見布施的重要性。布施既可以破除慳貪，又可以培植福報，積累資糧，還可以和眾生廣結善緣。此外，布施不僅有財布施，還包括法布施和無畏布施，是修習慈悲心的重要途徑。

如果我們能確立宗教信仰、建立精神追求、重塑價值觀、由戒定慧增強心力、培養布施利他之心，就能從觀念到實踐，解決斷捨離的障礙。

如何修習斷捨離

身爲佛弟子，我們怎麼來修斷捨離？和一般所說的斷捨離有什麼區別？我從五個方面和大家分享。

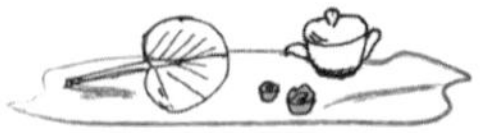

樹立正見

斷捨離不是簡單的整理和丟棄物品，必須當作生活哲學和人生智慧去做，所以正見非常重要。凡夫處處以自我爲中心，執著我的身體、我的想法、我的情緒，進而執著我的家庭、我的事業、我的財產、我的人際關係。如果沒有緣起的智慧，我們很容易把外在的種種視爲「我」的一部分。

到底什麼代表「我」的存在？身體能代表嗎？想法能代表嗎？擁有的物品、關係能代表嗎？其實，這些不過是條件關係的假相。爲什麼我們會習慣性地將此當作「我」？是因爲無明，因爲看不清「我」是什麼，所以到處蒐羅，用各種東西來充實它，給自我的感覺找到依託，似乎執著的東西越多，這個「我」就越強大。

學佛，就要用緣起的智慧審視，看清自己認定爲「我」的這一切，都不能代表「我」的本質，否則，這些錯誤認定就會成爲煩惱之根。比如父母把孩子當成自己的所屬，對孩子橫加干涉，結果使孩子活得痛苦，自己也很痛苦。這種情況非常普遍，就是因爲混淆邊界，沒想過孩子也是獨立的個體，並不是「我」。有著血緣親情的關係尚且不能代表「我」，何況是其他身外之物呢？

緣起的智慧讓人看到，我們認定的我和我所都是無自性的，和我們只有暫時的關係，且時時處在無常變化中。如果將之視以爲我，對此產生永恆的執著，痛苦就在所難免了。就像人們害怕容顏變老，害怕財富貶值，害怕事業失敗，當這一切發生在別人身上時，我們會覺得很正常，而發生在自己身上時，就難以接受了。爲什麼？因爲這不再是一般的變老、貶值和失敗，而是「我」受到了傷害。

斷捨離也是如此。如果只是對斷捨離的對象做出客觀判斷，其實並不難。難就難在，這一切和「我」產生關係後，執著隨之出動。而且這種執著是有黏性的，充滿主觀設定，結果就剪不斷理還亂了。所以我們要樹立正見，學會從緣起的角度看世界，看人生，看待生活中的一切，就能奉行中道，取捨有度。

調整價值觀

價值觀似乎是一個哲學問題，和現實沒什麼關係。其實，我們每天的生活都隱含

著價值觀的影響。比如要什麼不要什麼，做什麼不做什麼，這些取捨不是偶然的，而是由價值觀決定的。我們覺得什麼重要，什麼對自己有利，才想要得到，才會去行動。如果價值觀有問題，我們所做的一切也會產生偏差。

近幾十年來，受到西方文化的衝擊，傳統價值觀有了極大改變，社會風氣唯利是圖，拜金成風，帶來一連串社會問題。而從世界範圍看，人們都在忙著賺錢、消費、破壞環境，使得這個星球幾十億年下來所形成的資源，在短短兩百年內急劇消耗，整個地球千瘡百孔。過去，我曾多次講過環保主題，如「生命的回歸」「佛教的環保思想」等。其中說到的問題非但沒有改善，還愈演愈烈。從海洋的汙染、南北極的氣溫升高，到極端氣候的頻繁出現，災難已經離我們越來越近。此刻，數百年不遇的極限高溫正發生在很多人身邊。可以說，人類已經到了必須反省的時候。否則，我們所見證的歷史就是無法回頭的毀滅史。

怎麼改變這種趨勢，改變物質主義的導向？必須依東方智慧重塑價值觀。儒家倡導「仁義禮智信，溫良恭儉讓」，是基本的做人準則。更進一步，是「立德、立功、立言」的三不朽人生，要做有道德的人，對社會大眾有用的人，而不是精緻的利己主義者。從佛法來說，是以覺醒、解脫爲終極目標。當我們確立這樣的價值觀，依儒釋道文化修身做人，才能重塑世界秩序，改變不斷崩壞的現狀。

東西方文化的不同主要有兩點。其一，在世界和人的關係上，西方文化立足於改變世界，認爲發展科技、創造財富就能帶來幸福。東方文化立足於改變自身，比如儒家以修身爲本，進而齊家、治國、平天下，是從做人到服務社會；佛教說「心淨則國土淨」，也是從改變自心到改變世界。怎麼做人？離不開心性理論。我曾和湖南大學嶽麓書院國學研究院院長朱漢民探討「如何立心立命」，認爲儒家和佛教的共同點，是由認識並調整心性，進一步造福世界，是由內而外的。

其二，是有我和無我。西方人文主義思潮倡導個性解放，尊重個體的價值實現。相對於中世紀的封建思想，確實是一種進步。但在解放過程中，如果不能認清「我」的眞相，就會陷入我執，人性的各個方面受到聲張與宣揚。所以這種思潮在促成文藝復興、科技發展的同時，也導致嚴重的社會問題和環境危機。而佛法正見是建立在無

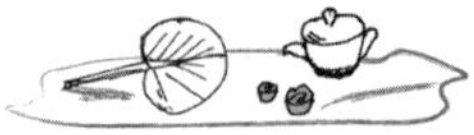

我的基礎上，因爲無我，才能眞正做到眾生平等、依正不二，不會爲了滿足欲望去傷害眾生，破壞自然。

修習戒定慧

除了改變觀念，斷捨離還離不開修行實踐，那就是戒定慧。

首先是戒，幫助我們過一種簡單、清淨、有規律、有節制的生活。現代社會物質豐富，不斷鼓勵消費，人很容易迷失其中，把生活搞得複雜，也使心隨之混亂。在這樣的環境中，特別需要建立行爲規範。大家生活在別院，有清淨的氛圍，規律的作息，依健康生活五大信念自處，依六和精神共住，互相支持，成爲彼此的增上緣。

佛法強調自依止和法依止，就是要靠自己，靠制度。佛陀入滅前告誡弟子：「汝等比丘，於我滅後，當尊重珍敬波羅提木叉，如闇遇明，貧人得寶。當知此則是汝等大師，若我住世，無異此也。」也就是說，要以戒爲師，依制度而不是某個領袖生活。當然，這和親近善知識並不衝突。在修行上，需要依善知識引導；但在生活和團體共處中，則要依法治而不是人治。這個法就是戒律。其中最基礎的居士五戒，就是我們每天念誦的「健康生活五大信念」，要不殺、不盜、不邪淫、不妄語、不飲酒。依此生活，本身就是最好的斷捨離。出家戒更爲嚴格，如比丘有兩百五十條戒，比丘尼有三百四十八條戒，包含對衣食住行的種種規範。不僅把可擁有的物品降到最低限度，還包含行爲上的斷捨離，告訴弟子什麼能做，什麼不能做。

其次是定，是對心念的斷捨離。這個時代是一個浮躁的時代，人們往往掉舉、散亂，在念頭的海洋中隨波逐流。定是讓我們透過修習止觀，把正念帶到每個當下。走路，只是專心地走路；吃飯，只是專心地吃飯；做事，只是專心地做事；靜坐，只是專注於所緣。當我們選擇一個錨點時，心中只有這一件事，其他念頭都暫時切斷。有些人覺得，同時做幾件事才有效率。其實，這種方式是在增長散亂。時間長了，就會失去專注力，心也不堪重負。就像電腦同時開了很多窗口後，CPU就會不夠用，造成遲滯或直接當機。

第三是慧，是看清眞相的能力。如果說戒是對物品和行爲的斷捨離，定是對心念

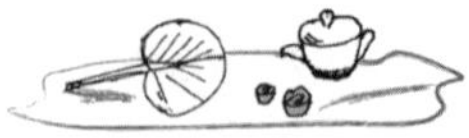

的斷捨離，那麼慧才能眞正斬斷貪瞋癡的根源。因爲戒和定只是做出選擇，貪瞋癡只是暫時蟄伏起來，並沒有徹底消除，甚至會一次次地伺機而動。慧的修行，是由訓練覺知開發心的明性，就能和念頭保持距離，在念頭出現時立刻認出它，進而透過觀照來解決它。這是通往覺醒的關鍵所在。

有了戒定慧，才是究竟意義上的斷捨離。

聲聞與斷捨離

這裡所說的聲聞行者，主要指出家人。出家是印度各宗教的傳統，並非佛教特有的。在有著三千多年歷史的婆羅門教中，教徒一生分爲梵行期、家居期、林棲期、遁世期四個階段。他們在完成世俗責任後，就要離開家庭，到山林修習禪定和苦行。中國早期並沒有出家人，但有隱士。他們同樣捨棄了名利，過著離群索居的出世生活。孔子遊說諸侯途中，不時會被路遇的隱士嘲笑一番。在他們看來，這種行爲不免過於入世，非智者所爲。

出家，本身是斷捨離的體現。用通俗的話說，即看破紅塵。但前提是認識到輪迴本質是痛苦的，而不是遭遇挫折後的逃避。佛教所說的出離心，正是看清生命眞相後的主動選擇。佛陀的出家，就是這樣一種偉大的放棄。他不僅放棄了世間的家庭、財富，還放棄了世人求之不得的王位。有了這樣的榜樣激勵，不少王公貴族先後出家。如我們熟悉的寂天菩薩、阿底峽尊者等，都曾貴爲王子，卻選擇了一無所有的修行生活。

在原始僧團中，出家人以乞食爲生，有些南傳寺院至今仍保留這一傳統。之所以這麼做，是讓生活單純到極致，連生計都不必考慮，更沒有財產要管理，全身心地內修外弘，一方面精進自修，一方面在社會教化說法。按照戒律，出家人只能擁有最基本的生活用品，如比丘六物、百一物等。如果多了，要做相應的說淨手續，把這部分物品捨出去。此外，人際關係也極其單純。僧眾依法共住，所有事務都有相應的羯磨，即辦事規則。不論四人共住，還是四百人、四千人，都是依照這套模式，僧事僧辦。而不是像現代社會那樣，雖有無數套管理方式，依然問題重重。

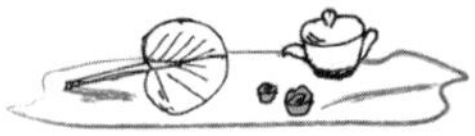

佛教傳入中國後，由於國人對乞食的歧視，並沒有沿用這種資生方式，而是在祖師倡導下，形成「一日不作，一日不食」的傳統。但生活依然保持簡樸的原則，布衣蔬食，身無長物。

總之，出家就是徹底的斷捨離。不論身處何時何地，生活細節有什麼變化，這種精神核心是一以貫之的，否則就會出一家而入一家，違背出家的初衷。相形之下，現在出家人面對的事務和應酬過多，如果缺乏定力，沒有理想的管理制度，很容易干擾修行。所以我們要遵循佛陀教導，以戒爲師，透過簡單的生活減少貪著，內修外弘。

禪者與斷捨離

關於禪者的生活，《指月錄》《景德傳燈錄》等典籍中有很多記載。他們食松花，衣荷葉，居茅屋，過著常人難以想像的清貧生活，依然樂在其中。爲什麼能這樣？因爲禪者看到，覺性才是生命的無盡寶藏，整個宇宙的價值都無法與之相比。佛菩薩正是寶藏的開發者，所以能盡未來際地利益眾生。沿著他們指引的道路，同樣可以證佛所證。看到這一點，還會在乎世間的名利和享樂嗎？

很多寺院掛有「莫向外求」的匾額，提醒我們眞正的寶藏就在自心，無須向外攀緣。它是人人都具備的，在聖不增，在凡不減。這種具備並非只是一種說法，是可以透過修行體認的。過去的禪林大德修行有成後，生死自在，榮辱不驚，即使一無所有，也不覺得缺少什麼。反觀現在的人，即使有了上億甚至百億，有了幾輩子都花不完的錢，依然不覺得富有。因爲他們內心還有更大的欲望，還想得到更多。

所有的匱乏都來自貪欲。當你的貪欲越多，生命就越匱乏，這是再多財富都改變不了的。我常說，現在人整天忙於挖坑，能力越大，挖的坑就越多。挖了之後再塡坑，在塡坑的過程中，又繼續挖坑。爲了塡五個坑，再挖十個坑；爲了塡十個坑，再挖二十個坑。比如有人經營企業，本來只是一個小坑，成功後已經把坑塡上。但他還想擴大經營，於是去銀行貸款，坑就挖大了。再次成功後，繼續貸款，坑也隨之增大。當坑無限擴張，一旦有了問題，往往就超出自己的塡坑能力。現實中有不少企業正是在急速擴張的過程中，貸款越來越多，最後資金鏈一斷就倒閉了。

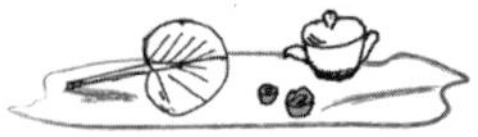

對外在的需求越多，內心的坑就越大。坑是代表匱乏，當我們越來越匱乏，就會越來越貧窮。而禪者體認到這一點，直接開發內心的富足，不論面對什麼樣的物質生活，都能自足、寂靜、歡喜。外在的生死、榮辱、得失，沒什麼能困擾到他。

佛陀成道後，不少王族青年開始追隨他。有位王子出家後，精進修行，法喜充滿，常常情不自禁地高喊：「歡喜啊，眞是歡喜！」大家問他怎麼了，他說：「以前我在宮中錦衣玉食，被那麼多人精心伺候，嚴密保護，只覺得很累很無聊。現在一無所有，卻什麼都不用擔心，還從修行中體會到源源不斷的歡喜。」

什麼叫富有？就是當你一無所有，也不覺得缺少任何東西。禪者正是過著這樣的生活。他們在水邊林下坐臥經行，靜坐觀心，因爲沒有束縛而自在，因爲自在而歡喜。這種內心富足是任何物質無法帶來的，所以還有什麼會捨不得？

斷捨離的意義

斷捨離的意義是什麼？換言之，修習斷捨離可以爲我們帶來什麼樣的生活？關於這個問題，我從九個方面來說。

自然的生活

斷捨離可以讓我們遠離物欲，回歸自然。中國本來是農業社會，人們的生活和土地息息相關。但現代社會重商輕農，城市向農村急速擴張，也使我們和自然漸行漸遠。有人說，這是最好的時代，也是最糟的時代。從電話、電腦到飛機、高鐵，我們享受著前所未有的便利，卻也付出代價，那就是對資源的過度消耗，對自然的大肆破壞。當這些消耗和破壞已不可逆轉了，人們才發現原來青山綠水才是最好的金山銀山，是可持續發展的資本，也是滋養身心的源泉。在國外，已有醫院把「去森林公園」當作治療某些疾病的處方。

自然是有治癒力的。過去的孩子沒什麼玩具，都是在天地間嬉戲玩耍，朝氣蓬勃。但現在的孩子從小就玩遊戲、刷手機，成人同樣沉溺於電子產品。短短十幾年來，近視、頸椎病變等顯性問題迅速增長，但更大的隱患是由此造成的心理問題。如

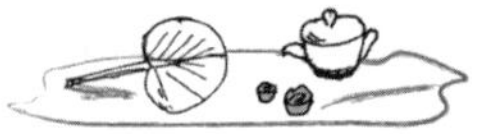

果不加改變，我們就會像缺乏光照的植物那樣，逐漸失去活力。

所以我們要擺脫物質的捆綁，走向自然。「春有百花秋有月，夏有涼風冬有雪，若無閒事掛心頭，便是人間好時節。」當心不再塞滿東西時，才能感受自然的美好，從中得到滋養，得到平靜。

樸素的生活

斷捨離可以使我們建立樸素的生活。現在整個社會都在鼓動消費，經濟不斷增長，我們的欲望也在不斷增長。兩千多年前，佛陀就告誡我們：「知足之法，即是富樂安隱之處。知足之人，雖臥地上猶爲安樂；不知足者，雖處天堂亦不稱意。不知足者，雖富而貧；知足之人，雖貧而富。」莊子同樣感慨：「今世俗之君子，多危身棄生以殉物，豈不悲哉！」可見，少欲才是幸福的關鍵所在。欲望越少，就越容易滿足，越容易幸福，所謂知足常樂。

爲什麼現代人不容易知足？以前的人視野很小，所見不過是吾鄉吾土，沒什麼比較。但我們現在能看到世界各地的生活，看到超級富豪的奢侈享樂，各種成功學又在給人灌輸「你也可以」的信號，使得欲望被無盡擴張。如果說，古人的知足有環境因素，那麼在今天，我們特別需要提高定力，主動約束。因爲欲望越多，就越不容易滿足，幸福的成本也會越高。一旦失去，還會帶來不必要的痛苦。

斷捨離所做的，是從以物爲中心，回歸以人爲中心。怎麼理解以人爲中心？很多人覺得，即使擁有再多東西，還是以我爲中心——因爲我需要這些東西，擁有了很高興。他沒想到，自己是被誘惑所刺激，被欲望所捆綁，才會控制不住地購物。當一陣衝動過去，就後悔得想要剁手明志了。

以人爲中心，是從人的自身來思考：我要建立什麼生活？什麼是我眞正需要、有用且健康的？我們全面審視後會發現，生活確實不需要這麼多東西。當心不被物欲控制時，就會有更多時間投入精神追求，發展興趣愛好。

悠閒的生活

斷捨離可以使我們擺脫忙碌，建立悠閒的生活。現代人最大的特點就是忙，忙著賺錢，忙著消費，忙著破壞環境。錢多了又擔心貶值，還要投入大量時間理財，眞是爲物所役，爲物所累。

因爲欲望，人們在占有、攀比、競爭中不斷循環。首先是占有，總想擁有更多東西，從衣食、手機到汽車、房子，多多益善，永無止境。其次是攀比，有了還不滿足，還想勝人一籌。社會上有不同的圈子，當你好不容易在原有圈子爬到頂層，進入另一個圈子，又是第一層，還得從頭來過。最後努力爬到頂層，再進入新的圈子，周而復始地努力。攀比又導致競爭，帶來自我的重要感、優越感和掌控欲。我們以爲這三種感覺代表了「我」，其實這只是心靈世界的不健康因素。當你被它控制，才會成爲奴隸，不停地爲它打工。

常常是，我們擁有得越多，追求的反而更多，結果就更忙碌。只有擺脫欲望，不再有那麼多需求，生活才會因爲簡單而從容，心靈才會因爲從容而自由。

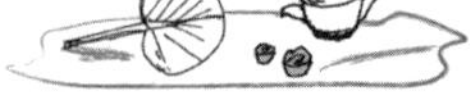

有序的生活

斷捨離可以使我們擺脫無序和混亂，建立有序的生活。世上眞正能按理想生活，對自己感到滿意的人其實不多，很多人對自己的行爲和生活並不滿意，卻受制於串習、惰性、不良嗜好，無力改變。

相對生活習慣，整理物品是比較簡單且容易入手的。我們可以將此作爲改變串習的開始，透過斷捨離使環境變得整潔有序。進一步，對飲食、行爲、作息等方面做出調整。然後透過二十一天或一、兩個月的鞏固，逐步形成新的習慣，做到飲食有節，行爲有度，作息規律。如果個人的力量不足，可以尋求環境支持。別院就營造了清淨如法的氛圍，透過種種規範和集體力量，幫助大家建立有序的生活。這不是誰需要你這麼做，而是你想讓自己變得更好。

品質的生活

斷捨離可以使我們建立有品質、有意義的生活。我們問問自己：現在的生活到底有沒有品質？有沒有意義？每天做的、說的、想的，哪些對成長有正向價值，可以讓生命得到提升，哪些只是在消磨時光，甚至在內心製造垃圾？事實上，多數人的存在就是一大堆混亂情緒，加上一大堆錯誤想法，每天都在造垃圾和扔垃圾。

生命是無盡的累積，其品質就取決於我們的存在。我們買東西時，會選擇自己能力範圍內的最高品質，卻往往不在意，自己是什麼樣的生命產品。如果認識到，生命品質才是永遠伴隨我們的根本，是決定幸福的關鍵，我想，沒人不想成爲優質產品。

如何提升品質？儒家講「學以成人」，人不是吃飯就能成長的，那只是身體的自然屬性，和動物沒有區別。人所以爲萬物之靈，取決於智慧和道德，這是需要透過學習成就的。佛法則是由斷惡修善，成就高尚的生命品質。體現在身口意三業，首先是透過斷捨離來斷除貪瞋癡，然後是勤修戒定慧，圓滿智慧和慈悲。當我們的心行有品質、有價值，生命才會變得有品質、有價值。

清淨的生活

斷捨離可以使我們改變混亂的現狀，建立清淨的生活。在今天這個物質過剩的時代，人們被海量的物品包圍著，從環境到生活方式都混亂不堪。這種混亂又導致心念的混亂，互相干擾，亂上加亂。如何改變這種狀況？

首先要透過斷捨離改變環境，在清淨的空間中，更容易看清心行是否混亂。我們應該有這樣的經驗，在亂七八糟的環境中，言行往往變得肆無忌憚，任意妄爲。而在清淨的環境中，就會自覺地有所收斂，內心也更容易安定，可以有效規範身口意三業。進一步，還要透過修行清理無明、散亂及貪瞋癡串習，照見「本來無一物」的清淨心。這才是究竟的清淨，在任何環境中都能靈光獨耀，不染塵埃。

環保的生活

斷捨離可以使我們改變消費習慣，從物質至上轉爲低碳環保的生活。環境的持續惡化，和高消費有著密切關係。有句話叫做「沒有買賣就沒有傷害」，說的是殺生問題，同樣適用於對環境的破壞。如果不是欲望的極度膨脹，人們根本不需要那麼多物品，也就不需要耗費那麼多資源，更不會製造那麼多垃圾。正是不良的消費習慣，把大量資源變成了商品，並且很快地，又變成地球無法負擔的垃圾。

全世界究竟有多少商品，恐怕沒人可以給出答案，因為每天不斷有新品問世。其中，還有大量一次性商品和快消品。它們的廉價和方便，使一般人都能承擔且樂於購買。但承擔這種消費的僅僅是錢嗎？它的背後，是越來越枯竭的資源，越來越脆弱的生態。所以我們要奉行低碳環保的生活，在減少欲望的同時，敬畏自然，愛護環境。

利他的生活

斷捨離可以使我們弱化我執，從利己轉向利他的生活。雖然佛教強調自利利他，但這個自利，是指有益成長的正向利益。如果是自私自利，非但不能自利，還是一切衰損之門。當人們擁有無數物品，並沉溺於這種擁有，就會增長我法二執，強化自我的三種感覺，似乎一切都是為「我」服務的。事實上，是把自己束縛其中，看不到人

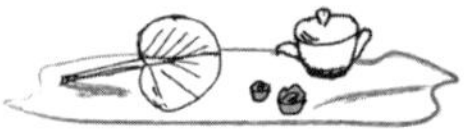

生還有什麼更大的意義。

透過斷捨離，捨棄不必要的物品和人際關係，將會開啓全新的世界。當我們不再爲物所役，就有更多的時間用於精神追求，成爲有生命品質的人；當我們不再爲物所累，就有更多的精力和資源服務社會，利益大眾，成爲有愛心和慈悲心的人。這種成長和由此帶來的快樂，是物質無法比的。

覺醒的生活

斷捨離可以使我們放下貪著，開啓覺醒、解脫的生活。斷捨離的離，是捨離對物質的依賴和執著，這也是斷捨離的核心所在。否則的話，「斷捨離」可能只是重新採購的借口。確實有人在斷捨離之後買得更多，然後再斷再買，所謂舊的不去新的不來。如此一來就違背斷捨離的本意了。

所以關鍵是擺脫依賴和貪著，以及由此形成的貪瞋癡串習。這是一切煩惱的根源，也是生死輪迴的根源。解脫，就是要解除這種捆綁。在這個層面，斷捨離是我們走向覺醒、成就解脫的助緣。即使暫時達不到這樣的高度，能在生活中減少對物質的依賴，當下就能體會減少依賴帶來的輕鬆和自由，這是每個人都可以感受的。

我們知道，身體需要新陳代謝才能保持健康，生活同樣離不開這種代謝。放下依賴和貪著，我們才能放下心靈的重負。所以斷捨離也是一個法門，是和修行及禪意生活相應的。希望大家認真學習、思考，並落實到行動中。於個人，可以改善生活；於世界，可以保護環境；於現前，可以調身修心；於究竟，可以走向解脫。

4
茶與禪的修行

—— 二〇二一年秋講於「茶人養成營」

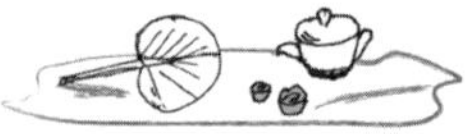

前兩年，我們在武夷山舉辦過關於茶的活動，我講了「以茶靜心，修身養性」，對茶這個專案的重要性，以及茶和禪的關係做了簡要說明。這次是茶專案的第一屆靜修營，應該給大家提供什麼樣的認識？舉辦這個靜修營的目的在哪裡？

現在茶的市場很大，茶館遍布各地，茶道流派紛呈，茶人和相關培訓班層出不窮。從物質層面來說，茶的作用主要是解渴，和糧食、蔬果一樣，可以滿足身體所需。有錢就講究一點，喝名茶；沒錢就簡單一點，喝粗茶，其實都可以解渴，也能豐富業餘生活。

但茶又不僅僅關係物質生活，還承載著傳統文化，尤其是禪文化的內涵，可以提升爲多樣化的精神生活。在中國歷史上，茶和禪宗有著千絲萬縷的關係，其後傳到日本，形成茶道。近幾十年來，隨著傳統文化的復興和中日之間的交流，人們開始在古籍中挖掘茶的文化屬性，也從鄰邦借鑑茶道的精神氣質。吃茶去、禪茶一味（編按：一味是純一、專一、無兼味、無雜念的意思，禪茶一味是以茶參禪，以禪修心）、侘寂之美等茶道用語日漸普及，與之相關的裝修風格和器皿用具也受到追捧。

照搬觀念是容易的，仿造形式也不難，但做這些的意義是什麼？這就需要了解觀念和形式背後的思想內涵，借助這些形式，究竟要達到什麼目的？

茶之所以能成爲「道」，關鍵不在於茶本身。再珍貴難得、品質精良的茶，如果不賦予其精神內涵，也不過是稀缺的奢侈品而已。就像當年傳到歐洲並風靡一時的茶，雖然深受貴族乃至皇家青睞，使大量白銀流入中國，卻沒有在西方發展出與道相關的文化。

可見，只有在相應的文化背景下，才能透過茶來載道。當然這個載體也可以是插花、撫琴、書法、繪畫等等。相較於其他形式，茶的優勢有兩點：一是本身就屬於日常生活的一部分，爲大眾喜聞樂見，身心受用；二是不需要太專業的技能即可入門，配合一定的培訓和練習，就可以發揮我們已有的、與眾不同的優勢，使茶專案具可行性。

這個優勢就是對禪文化的認識。以此爲基礎，透過禪的智慧展開茶道活動，是把大眾導向覺醒的方便。所以我們要從兩方面探討：一是了解茶與禪的關係及重要典

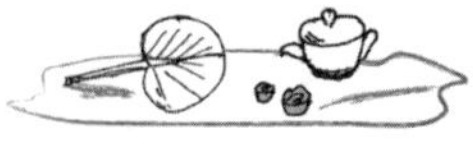

故；二是以茶入道，知道如何在茶專案中落實禪的精神，對受眾加以引導。

茶與禪的歷史典故

關於茶和禪的關係，可以挖掘的內容很多。在此，我從吃茶去、茶禪一味、和敬清寂、一期一會、侘寂之美五點入手，和大家分享。

吃茶去

不少茶室中都會掛一幅「吃茶去」或「喫茶去」，兩者只是字體有別，都出自趙州禪師的典故。趙州禪師爲唐代高僧，號從諗，八十高齡時駐錫趙州觀音院，即現在的柏林禪寺。他生前傳法弘禪四十年，僧俗共仰，被尊爲「趙州古佛」。

《宗門拈古彙集》記載，趙州禪師問新到：「曾到此間麼？」曰：「曾到。」州曰：「吃茶去。」又問一僧：「曾到此間麼？」曰：「不曾到。」州曰：「吃茶去。」院主問：「和尚爲什麼曾到也云吃茶去，不曾到也云吃茶去？」州喚院主，主應諾。州曰：「吃茶去。」一代宗師，不管對誰都是一句「吃茶去」，聽起來是不是很簡單？甚至會有人覺得敷衍，爲什麼這也值得記載，值得傳頌千古？

我覺得，其中主要體現了兩個內涵。首先，禪並不是什麼玄妙奇特的行爲，也沒有離開當下的生活。古德所說的「行亦禪，坐亦禪，語默動靜體安然」「飢來吃飯，睏來眠」「搬柴運水，總是禪機」「青青翠竹盡是法身，鬱鬱黃花無非般若」都是告訴我們，禪的智慧無所不在。可我們就在生活中，爲什麼看不到呢？

這就需要領會趙州的深意。禪師的所言所行都以本分事相見，所謂本分事，就是認識心的本來面目。叫你「吃茶去」，目的不單純是吃茶，而要體會「能吃茶的是誰」？平常人吃茶，趕快品嘗這是什麼好茶，香不香，甜不甜，都在向外尋求。但禪師的「吃茶去」，是讓你反觀自照，認識本心。這在禪宗是非常高明的指點。

其次，以前禪寺的生活很簡單，每天就是禪修、幹活、吃飯。修行不僅在座上，也在座下。當時百丈禪師提出「一日不作，一日不食」，寺院需要集體勞作時，敲一下鐘，大家就去出坡（做事），所以禪師對學人的教導也往往在日用中。不同於教下

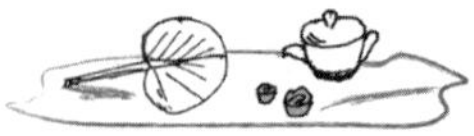

（編按：主張通過學習和理解佛經來達到修行和證道的目的），是給你講一部經，透過文字說明修行原理。而禪師是在生活中耳提面命，不拘一格。吃茶是生活組成的一部分，自然也是點撥學人的重要契機。在禪宗名著《景德傳燈錄》中，關於茶的記載有上百條之多，既有禪師間的對答，也有對學人的接引。

我們知道，禪宗是在南北朝時期由達摩傳入中土，但到了唐朝才開宗立派，盛極一時。茶道也是在唐朝開始成熟的，在陸羽的《茶經》中，詳細闡明茶的歷史、源流、現狀、生產及飲茶、茶藝等方面，是茶道成形的標識。陸羽自幼在寺院長大，與不少僧人過從甚密，其自述記載：「結廬於苕溪之湄，閉關讀書，不雜非類，名僧高士，談宴永日。常扁舟往來山寺，隨身惟紗巾、藤鞋、短褐、犢鼻，往往獨行野中，誦佛經，吟古詩。」尤其是遇到同樣深諳茶性的詩僧皎然後，更是以茶相和，以禪相知，成為茶道發展史上著名的忘年之交。在這一背景下出現的茶道，從開始就與佛教有著不解之緣，也使茶有了高於生活的精神內涵。

從另一方面來說，坐禪容易昏沉，茶正是提神醒腦之佳品。皎然的「一飲滌昏寐，情來朗爽滿天地；再飲清我神，忽如飛雨灑清塵；三飲便得道，何須苦心破煩惱」，正是飲茶助力修行的生動寫照。至今，禪堂還保留飲茶的傳統。兩者的相遇，可謂恰逢其時，互為增上。

隨著禪宗大興並建立叢林後，需要一套共修共住的制度，包括法會流程和行事儀式，這是佛教中國化的重要標誌，出現了很多本土化的做法，所謂「馬祖創叢林，百丈立清規」。《清規》中，關於茶的記載多達數百處，並形成一套儀軌（編按：法度規範）。比如在佛陀誕辰、成道、涅槃等紀念日中，要「備香花燈燭茶果珍饈」以為供養，並將上香、點茶當作法會流程之一；在住持巡寮、受法衣、迎侍尊宿、施主請升座齋僧等僧團生活中，也有吃茶、獻茶的環節。由此可見茶在僧眾生活中的重要性，以及人們對茶的重視程度。

到了宋代，徽宗好茶，朝野上下競相仿效，茶風更甚。徽宗本人有極高的藝術修養和審美眼光，他所撰寫的《大觀茶論》，將茶文化的發展推至巔峰。寺院茶會也更為成熟，尤其是杭州的徑山茶宴，影響甚廣。徑山寺為禪宗道場，建於唐而興於宋，

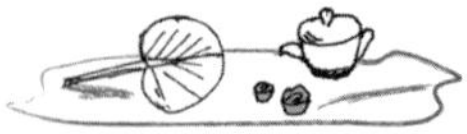

當年被譽爲江南五山十刹之首，有不少日本禪僧來此參訪留學。他們學成歸國後，不僅帶回去禪宗法脈，也帶回了徑山茶及茶宴流程，並逐步發展爲日本的茶道。可以說，日本的茶文化從形式到內涵都深受禪宗影響。

茶禪一味

「茶禪一味」也是近年廣爲流傳的觀念，但它究竟表達什麼，未必有多少人說得清楚。有些只是人云亦云，或是將「禪」當作品位象徵，爲茶葉和茶館找個賣點。事實上，只有將禪的智慧帶入茶文化中，把喝茶與參禪相結合，才談得上「茶禪一味」。如果不能在茶中賦予禪的內涵，那還是和貪瞋癡一味，與禪是了不相干的。

禪是什麼？就是覺醒的心，這也是萬物的本質。所以禪是遍及一切的，不僅禪茶可以一味，禪飯、禪行也可以一味，包括穿衣吃飯、搬柴運水、待人接物，都可以與禪一味。青青翠竹、鬱鬱黃花這些賞心悅目的所緣中有禪，螻蟻、瓦礫、屎尿這些令人唾棄的事物中同樣有禪，所謂「道在螻蟻，道在瓦礫，道在屎尿」。在在處處，只有緣起顯現的不同，本質上是相同的。如果你有禪的智慧，就可以在一切事物中體會禪。

從古代禪師的悟道因緣中可以看到，有的因爲瓦片擊竹，咣當一聲就頓悟本心，「一擊忘所知，更不假修持」；還有的因爲看到桃花開悟，「靈雲昔日悟桃花，十里春風樹樹斜」。總之，心可以透過各種因緣打開，前提是訓練有素，心垢很薄，才能把握住那個石火電光的瞬間。我們在生活中會有這樣的經驗，走路時突然被人打了後背，一驚之下，大腦完全空白，那也是體悟本心的時刻，因爲妄想空了。但只是一刹那，對沒有修行的人來說，往往還沒抓住就失去機會了。

如何撥開迷霧，體認本心？需要在一切時、一切處，綿綿密密地用功。「茶禪一味」，就是讓我們在喝茶的當下體悟禪。喝茶有兩個指向，一是進入凡夫心，一是回歸本心。如果沒有智慧，其實多數人都是進入凡夫心，帶著貪瞋癡的串習，被色、聲、香、味、觸、法六塵所轉。端起杯子，只看到器皿好不好，精不精；喝下茶湯，只嘗到滋味香不香，醇不醇。這樣的喝茶，即使品得再精妙，再深入，也只是世間法

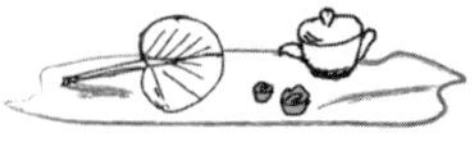

而已，和借助喝茶去悟禪是完全不同的。

「茶禪一味」的提法，出自宋代著名禪師圜悟克勤。圜悟禪師有《碧巖錄》傳世，其中記載百則公案，被譽爲「禪門第一書」。所謂公案，即禪師如何接引弟子的案例。這些方式往往獨闢蹊徑，險中求勝，是極難懂的。圜悟禪師能對此做出點評和解讀，可見其禪學素養之深。此外，圜悟禪師還精於茶道，他的「茶禪一味」正是對本心的體悟，蘊含甚深智慧。在他的法嗣中，有南宋時期徑山寺的大慧宗杲，提倡參話頭，同樣是禪門巨匠，也與茶有著不解之緣。

圜悟禪師手書的「茶禪一味」，由前來中國求學的僧人帶回日本，傳到名僧一休和尚手中。此後，一休又贈與弟子村田珠光。珠光少年出家，熱中茶事，後隨一休和尚參禪，並得其印可（編按：印信認可，指師父給予精通佛教的弟子認可）。珠光將禪宗思想引入茶道，創立了草庵茶。在此之前，日本茶事主要流行於上層社會。它是一種應酬方式，人們往往攀比排場或名貴茶器，意不在茶。草庵茶一改奢靡之風，回歸質樸，並將飲茶與修禪相結合，上升至「道」的高度。珠光還將圜悟禪師的墨跡供在茶室壁龕上，人們進入茶室後先要對此行禮，整肅身心，然後在點茶、喝茶中體會茶禪一味的深意。

村田珠光被稱爲「日本茶道鼻祖」，他和弟子武野紹鷗及再傳弟子千利休，是日本茶道最重要的創立者。尤其是千利休，爲日本茶道集大成者，他所倡導的生活美學，對日本文化的影響是全方位的。

和敬清寂

「和敬清寂」的思想源於村田珠光提出的「謹敬清寂」，千利休改動一字後，流傳至今。這四個字充分體現了日本茶道的精神，也可以說是禪的內涵。

第一是和。包括物與物、人與物、人與人的關係，都要和諧無礙。擴大來說，就是天人合一。這種和是來自內心的平等，在喝茶時，要消除二元對立，空掉對外相的一切執著。本來無一物，才是究竟的和。

第二是敬。對天地萬物存一份敬畏之心，觀一花一世界，見一葉一如來。體現在

茶道過程中，就是有相應的儀式感，長幼有序，舉止得體。可能有人會說：禪不是要突破所有形式嗎？爲什麼要有儀式感？其實這些只是靜心的方便而已。凡夫是心隨境轉的，在喧鬧雜亂中，身心會隨之動蕩。而在清肅的環境中，隨著莊嚴的一招一式，心才容易靜下來。

第三是清。簡單地說，就是清潔。茶室的環境可以樸素，可以簡陋，可以狹小，可以老舊，但要一塵不染。當然，更重要的是內心清淨。茶道之所以被上升爲「道」，就是能透過外在的環境和儀軌，幫助我們淨化心靈。所以在參與茶會時，內心要如明鏡般清澈，物來影現，物去不留，沒有妄念和雜染。

第四是寂。禪宗修行要狂心頓歇，就是寂的體現；三法印的「涅槃寂靜」，則是寂的終極成就。體現在環境上，是樸素、安靜、以少勝多。比如茶室不能太大，以草庵茶發源地的「珠光庵」爲例，不過是四張半榻榻米的狹小空間，陳設也極其簡單。在這樣的環境中，有利於我們收攝六根，保持專注，向內觀照而不是外求。

我不是專研茶道的，對這四個字的解讀，主要來自對禪的認識。當然，茶道精神本來就源於禪宗，回到這個原點來看，我想會更直接。從中，我們也可以感受到清涼的禪林氣息，彷彿看到禪師們在山中結廬而居，對坐飲茶，超然自在。

一期一會

這是日本茶道提出的觀念。從思想淵源來說，是受到佛教無常觀的影響，提醒茶

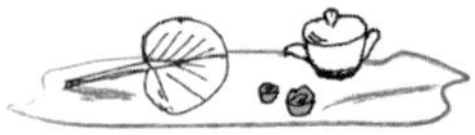

人應該以珍惜當下的心態來舉辦茶會。今天參加這個活動，對有些人來說，可能是此生唯一的機會，十分珍惜；也有些人覺得，將來還會參加第二次，第三次，似乎這次就沒那麼重要，沒那麼特別了。

事實上，不論你參加一次還是很多次，每次都有不同的因緣，都是不可重複的「一期一會」。古希臘哲學家說，人不能兩次踏入同一條河流。爲什麼？因爲水一直在流動變化，逝者如斯，不舍晝夜。從我們自身來說，今天的你是昨天的你嗎？明天的你是今天的你嗎？現在的你是小時候的你嗎？七八十歲的你還是現在的你嗎？從出生到老死，細胞不知更換了多少，思想不知改變了多少，從物質元素到心理元素，一切都在剎那剎那中生滅變化。

豐子愷有篇文章叫〈漸〉，講述生命的無常變化。時間悄悄地把所有人的歲月給偷走了，人不知不覺老了，不知不覺死去了。但因爲不知不覺，就覺得自己好像永遠活著，可以千秋萬代地活下去，才會「生年不滿百，常懷千歲憂」。人們總在想東想西，想過去想未來，偏偏把唯一可以把握的現在白白耗費了。

尤其是今天這個時代，不可控的因素那麼多。我們能坐在這裡，以茶相聚，是多生累劫的福德因緣，要以「一期一會」之心參與學習，參與今後的每一次活動。從泡茶到喝茶，都帶著虔誠、敬畏和殷重，安住當下。如果不安住，這段生命就被虛度了，再也沒有機會彌補。

侘寂之美

侘寂是日本茶道倡導的生活美學，也是一種人生境界，可說是特別針對世人對富貴奢華的追求提出來的。簡單地說，就是返璞歸眞，崇尚自然、簡單、樸素，甚至是殘缺、清貧的美。這種傾向從村田珠光的草庵茶就開始了，其淵源還是來自禪宗。古代禪者生活在水邊林下，茅屋草鞋，身無長物。此外，佛教還有惜福的傳統，所以寺院很多用品都是代代相傳的，歷經風霜，自有一種古舊、沉靜而富有內涵的美。

近年來，隨著侘寂風的傳入，不少地方也在仿效此類效果，讓人耳目一新。但也有些設計會流於表面，刻意求殘求舊，卻沒有理解這些表象背後的深意。事實上，侘

寂並不是抄襲採用一些材料或擺設就能體現的。爲什麼這麼做，要表達什麼精神，什麼境界，需要有禪的智慧爲支持。我覺得，時代在變化，形式上未必要一成不變，關鍵是理解個中精神，再以適合當下的方式來表達。我們可以從中得到的借鑑，主要有兩點。

首先是節制。這個時代的物質極爲豐富，我們可以輕而易舉地擁有很多東西，所以節制格外重要。節制物品的數量，既可以讓空間留白，保持疏朗，也可以減少對資源的消耗，對生態的破壞。更重要的是幫助我們克服貪欲，不受外界誘惑，不爲物質所累。

其次是尊重。身爲消費者，選擇適合長期使用的物品，用心呵護。茶人有養壺的習慣，其實我們也可以用這樣的心態對待其他物品，珍而重之，讓它在你手中變得更好，而不是喜新厭舊，隨用隨拋。身爲設計者，則應該提升審美和心性素養，用好的設計來製作產品，透過再創造，讓自己使用的材料得到昇華，而不是一味迎合世俗潮流，或是爲刺激人們的購買欲去做些什麼。

本著這兩點，我們就可以因地制宜，創造屬於自己的侘寂之美，比如少而美，簡而美，陳而美，靜而美。

以上五個方面，包含茶道的思想源頭以及在日本的形成，領會其中的精神內涵，有助我們做好茶這個專案計畫。

茶禪一味的修行

了解茶文化的背景後，我們還要進一步學習：參加茶會，怎麼喝好這杯茶？怎麼透過這一專案助力禪的修行？

放下，放鬆

禪修，首先要把心帶回當下，既不活在過去，也不活在未來。但現在人往往身心焦躁，即使坐下喝茶，心裡還放著很多東西，想著昨天發生了什麼，明天還要幹什麼，難以安住。又或者，把茶會當作吹牛的機會，顯擺自己賺了多少錢，事業做得有

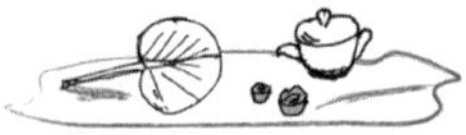

多大。帶著這樣的世俗心喝茶，再好的茶也不過是飲料而已，甚至淪爲道具，連茶本身的滋味都品不出來。只有把身分、事業、地位乃至塵世的一切執著通通放下，才能由這杯茶入道，體會禪茶一味的境界。

爲了有助於調心，我們要布置一個令人放鬆的氛圍，或者也可以到自然山水中。在空曠的環境中，與陽光、微風、樹石同在，心更容易鬆下來，這是與禪相應的前提。同時還要讓大家收起手機，這一刻，讓紅塵不到，只是安靜地和茶在一起，和自己在一起，從放下、放鬆到放空。

空和無相

佛教所說的空，並不是什麼都沒有，而是空掉我們對外在世界和內在情緒的執著。我們爲什麼不能體認本心？就是被卡在種種執著中。在乎什麼，就被什麼卡住。只有放下之後，才不會被身心內外的一切障礙，也就是佛教所說的「但自無心於萬物，何妨萬物常圍繞」。所以我們眞正要空掉的不是其他，而是自己的種種設定，種種掛礙，種種煩惱。

和空相關的另一個觀念是無相。凡夫都是活在有相的世界，被色聲香味觸法所轉。禪修所要體認的空性，是以無相爲體。禪宗修行的三大要領，是「無念爲宗，無相爲體，無住爲本」。無念爲宗，是讓我們體認念頭背後的無念心體，就像雲彩背後的虛空。我們平時都活在念頭中，被雲彩遮蔽，只有超越念頭，才能回歸本心。無相爲體，是說本心沒有顏色，沒有形狀，超越一切形相，並不是五光十色、驚天動地的。無住爲本，是說本心具有不黏著的特質，不管多少雲彩飄動，虛空並不想留住哪片雲彩，也不分別這片雲彩好看，那片雲彩不好看，正所謂「長空不礙白雲飛」。

舉辦茶會時，我們會構建各種相，布置空間、選擇器具、設計流程，一招一式都很有儀式感。這樣一來就容易流於對相的執著，落入世俗心。是不是就不能講究這些呢？也是不對的。因爲我們辦茶會的目的，是以此接引大眾，安頓身心，那就需要氛圍和儀式感爲引導。

關鍵是把握尺度，既要了解相的意義，同時也看到「凡所有相，皆是虛妄」，知

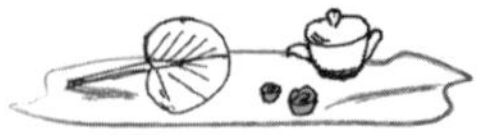

道這一切都如夢如幻、本性空寂，而不是陷入對形式的執著。在佛教中，這叫作「水月道場，夢中佛事」。帶著這樣的認知高度，才能在營造形式的同時超越形式，擺脫對色聲香味觸法的執著。

日本茶道得益於禪宗思想，尤其是六祖悟道偈中的「本來無一物」。這也是「和敬清寂」的源頭，要達到內外一如的平和、敬畏、清涼、寂靜，離不開空和無相的智慧。這關係到我們所辦的茶會，是世俗還是出世的，是輪迴還是覺醒的。所以我們既要注重形式，又不必過於複雜。就像千利休說的，茶道無非是燒水、點茶而已。所有的相都是爲體悟無相心體服務的，這才是禪的最高境界，才是和本心相應的。

平常心

禪宗講「平常心是道」。這個平常，並不是我們平時的世俗心。因爲凡夫是活在種種設定、種種牽掛、種種貪著、種種追求、種種對立、種種是非中，這些都是無明加工的產品，使人顛倒妄想，流轉輪迴。只有去除這一切，才是眞正的平常心，是清淨、赤裸、沒有遮蔽的心，是不生不滅、不垢不淨、不增不減的本來面目。

怎麼回歸平常？首先要回歸簡單的生活，學會在生活中修行。說到修行，我們很容易想到誦經、打坐，似乎是日常生活之外的另一套系統。事實上，修行就是一種用心，連貫座上和座下。我們未來的禪修有三個重點。一是以事相爲所緣，透過經行、專注呼吸等方式，培養持續、穩定的專注。二是訓練覺察，一旦起心動念，能立刻發現心處在什麼狀態，而不是在不知不覺中虛度。三是把正念帶到生活中。禪宗說修行是「飢來吃飯睏來眠」，我們都在吃飯睡覺，爲什麼不是禪？因爲我們是帶著貪瞋癡而不是正念做這些。所以要培養正念，讓生活變成追求眞理的禪修，回歸本心的禪修。這樣的生活才有價值。

茶道的關鍵也在於此。千利休說：「茶道之祕事，在於打碎了山水、草木、草庵、主客、諸具、法則、規矩的、無一物之念的、無事安心的一片白露地。」雖然我們要借助各種事相來辦茶會，但最終是要超越事相，在認眞做的同時，心無所住，超然物外。

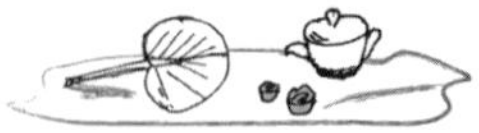

專注，覺察

禪修有兩個要點，一是專注，一是覺察。現代人多半都在散亂中，東想西想，心猿意馬，根本管不住自己。這樣一來就使得我們很累，卻無法休息。專注，就是爲心定一個錨，安住於此，不再四處飄蕩。

從茶會來說，茶就是我們的錨，是安心的所緣。我們除了領會茶的精神、境界、生活美學，還要學會專注地泡一杯茶，專注地喝一杯茶。本次培訓將會介紹實際操作的技術，如泡茶七事、營造環境七件事等。這些都是在幫助我們攝心，不是爲了泡茶而泡茶，也不是爲了布置場地而布置場地，而是透過種種手段收攝六根，把向外追逐的心拉回身處的空間，拉回當下的茶席，拉回手中的茶，最後拉回內心。現代人的心太野了，沒有相應的善巧，心是難以安頓並專注的。

僅僅專注還不夠，進一步還要訓練覺察，喚起內心清明的力量。每個人都有本自具足的清淨心，這個心永遠都在。修行所做的就是認識它，熟悉它，啓用它，所謂「菩提自性，本來清淨，但用此心，直了成佛」。

當然，我們現在很難直接體會本心，但可以從意識層面，體會心清明時產生的覺察力。當心因爲專注而靜下來，我們就能覺察泡茶、喝茶的整個過程。從注水到出湯，從舉杯到聞香，再到喝下茶湯，感受茶的冷暖，以及進入身體的過程，始終保持覺察，但不作評判，沒有貪著。

當我們學會專注和覺察，就能擺脫對形式的執著，將喝茶與正念禪修相結合。在辦茶會的過程中，既注重茶的品質，注重器具和環境營造，又不陷入執著。茶道之所以在日本備受推崇，就是透過這種方式，讓民眾接觸到難以觸及的禪院修行，爲世間和出世間建立一個連結。讓人們可以在茶湯中體會禪味，在塵世中感受清涼。

結語

不論中國的禪茶，還是日本的茶道，我們都要站在禪的智慧高度去認識。這樣才能一目了然，知道每個做法的重點在哪裡。如果只看到形式，不知道它的精神和意義是什麼，就可能食古不化，拘泥形式，那就本末倒置了。

以上所說只是大致的框架。這次茶會是一個很好的開端，未來我們會將此形成專案，一方面有教研團隊深入研究，比如茶在禪宗修行中的運用和相關儀軌，傳入日本後如何形成茶道，並依此建立一整套生活美學，相信有不少可以借鑑的做法。另一方面是在實踐中不斷調整，把茶會當作靜心慢生活的重要組成，整理出一套操作性強且易於複製的模式，服務社會，淨化人心。

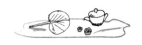

5

煮茶觀心

—— 二〇二三年夏於中級茶課開示

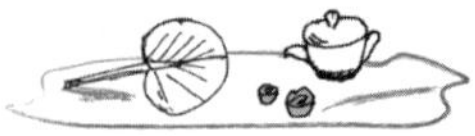

首先要隨喜茶專案組的不懈努力。去年推出的初級茶課好評如潮，今天又爲首屆中級茶課靜修營提供豐富的課程內容。從中華禪與茶，到日本茶道，從茶葉選品到茶具選配，從禪茶空間到茶會儀軌，中級茶課提升了禪茶的表現形式和用心方法。按照慣例，我的任務是給大家做個開示，那就講幾點吧。

何爲禪？

佛法所說的禪分爲兩種，一是禪定的禪，一是禪宗的禪。

禪定的禪

禪定的禪，是透過止的修行，讓心專注一處。止禪的九住心，就是描述從專注一境到最後得定的九個階段。禪定的禪，屬於定的範疇。

佛典說，有位國王想知道人的專注力到底有多強，就找來一個犯人，讓他捧上滿滿一缽油，從街頭走到街尾。如果他能做到一滴不漏，就免去他的死刑。犯人端著油行走的途中，國王安排了各種歌舞、雜耍來誘惑他。等他把油端到街尾，國王問他走路時看到了什麼，他說，什麼都沒看到。

這就是禪定的修行，心無旁騖，專注一處。在觀呼吸的修習中，以呼吸爲錨點，把心專注在呼吸上，就是修禪定的禪。

禪宗的禪

茶課所講的，是禪宗的禪，屬於慧的範疇。

禪宗的禪，其本質是什麼？就是每個人內在覺醒的心，就是佛的本質。禪宗所做的，是認識自己覺醒的心；三藏十二部典籍所做的，也是開啓覺醒的心。這是宗下（編按：特別是禪宗，側重於通過直接體驗和內心覺悟來修行）和教下的共同目標，也是佛法修行的核心問題。

禪宗的特別之處，在於它「不立文字，教外別傳，直指人心，見性成佛」。

「不立文字」，並不是說禪宗沒有文字。恰好相反，禪宗的典籍很多，僅《禪藏》

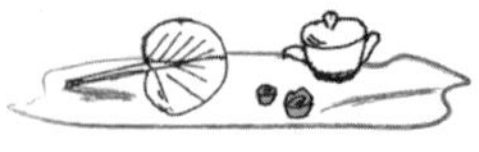

就有一百冊。「不立文字」是說禪宗不同於常規修行。不是透過聞思經教、樹立正見，再依正見修習止觀，是走經教之外的理路。禪者的修行，就在日常生活中，穿衣、吃飯、待人接物都是禪修。禪宗祖師們教導學人的方法也獨具特色，不是講道理，而是機鋒棒喝，比如著名的德山棒、臨濟喝，就是在生活中觀機逗教，直指本心。

爲何不多講道理？人的認識有兩個層面，一是理性的層面，要分別思維；一是直覺的層面，不要分別思維。八步驟三種禪修的前四步屬於前者，先透過分別思維改變認識。而禪宗屬於後者，是直接打掉分別心，開啓內心純淨的直覺。凡夫「起心即錯，動念即乖」，面對總想講道理的凡夫心，禪宗獨闢蹊徑，或者一聲斷喝，或者當頭一棒，先打得人不明就裡，思維中斷。這種無法思維的狀態，正是直接認識本心的絕佳時機。

禪宗採用種種獨特的接引方式，「直指人心，教外別傳」，是以至高至頓的見地爲依據。禪宗認爲，每個人都有佛性，都有自我拯救的能力，每個人都能成佛。《涅槃經》《圓覺經》《楞伽經》《楞嚴經》《如來藏經》等一系列大乘經典，都在闡述一切眾生具足佛性，佛與眾生平等無二的見地。有此見地，禪宗才會提倡頓悟，使用霹靂手段，教人直接體認佛性，毫不拐彎抹角。

禪，是最高的智慧；禪宗，是頓悟的法門。但是，頓悟需要滿足兩個條件：老師是明眼宗師，學人是上根利智。

佛教認爲，人的根機有鈍利之分。鈍根是指心靈塵垢厚重，利根則是心靈塵垢微薄，內在智慧時時閃耀。就像五祖一見六祖，就知道「這獦獠根性大利」，不同尋常，稍加點撥，就能明心見性。就像天上雲層很薄，輕輕一陣風就能吹開，光明自然顯現。

頓悟固然痛快，但想夠得著禪的智慧，卻需要透過次第修學打好基礎。否則，即便在特殊因緣下見到本心，終究是修不好的。另一方面，次第修行並非遙遙無期，有禪的見地、頓悟的高度，就能有直了成佛的信心和決心。

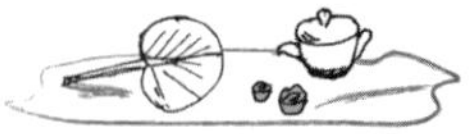

禪宗的歷史

我們今天所學的佛法，誕生於印度。

印度文化自古就有探尋生死之道的傳統。印度人普遍關心兩大問題，一是輪迴，一是解脫。佛陀成道後，在鹿野苑初轉法輪，宣說了四諦法門和十二緣起，標誌著佛法出現於世。

四諦法門，即苦諦、集諦、滅諦和道諦，包含兩重因果，是佛法修行的總綱。苦諦和集諦闡釋了輪迴的因果，滅諦和道諦揭示了解脫的因果。生命的意義，在於從輪迴走向解脫，從迷惑走向覺醒。佛法的三藏十二部典籍、八萬四千法門，都沒有離開四諦法門這一總綱。

佛陀拈花，達摩東渡

禪宗的起源，充滿了浪漫的詩意。

世尊有一天在靈山會上拈起一朵花，示於眾人。大眾不解其意，唯有迦葉尊者破顏微笑。大概迦葉尊者平時不苟言笑，這一笑，格外生動傳神，所以用「破顏」二字描述。

佛陀拈花，爲大眾展示的是眞理的實相，覺性的顯現。迦葉微笑，是當下領略佛境，會悟佛心。於是佛陀當眾說道：「我有正法眼藏，涅槃妙心，實相無相，付諸於汝」將禪宗心印傳給大迦葉。

佛陀未說一法，迦葉未答一語，一花一笑之間，開啓了禪宗以心印心的傳承。此後禪宗在印度代代相傳，至菩提達摩祖師，爲印度禪宗第二十八祖。

據禪宗典籍記載，「摩觀中土有大乘氣象」。菩提達摩祖師看見中國有大乘氣象，中國的眾生有大乘根機，就從海路來到廣州，去南京見到了篤信佛教的梁武帝。梁武帝聽聞達摩是印度來的高僧，很是高興，兩人展開了一番有趣的對談。

梁武帝問：「我即位以來，建寺院、寫經文、度僧出家，有多大功德？」心想我這功德很大吧？

達摩祖師直言以對：「並無功德。」

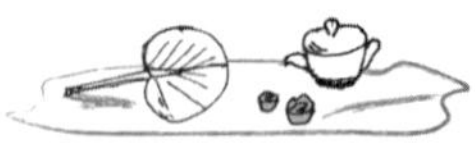

被潑了冷水後。梁武帝追問：「那什麼才是眞正的功德？」

達摩祖師就說：「淨智妙圓，體自空寂，如是功德，不以世求。」功德並非外在的事業，而是心性的修養，是體認內在心性的功夫。

心性修養與外在事業並不矛盾。如果不著相，做事也在成就功德。如果著相地做事，有我相、人相、眾生相、壽者相，就會在乎自己的感覺，貪著所做的事業。心不清淨，自然與功德無干。

梁武帝接著問：「如何是聖諦第一義？」這次問個大的，要討教佛法最高的眞理。

達摩祖師回答：「廓然無聖！」廓然，意思是空空的，什麼也沒有。一般人總會著相，覺得眞理總得是個什麼樣子才對。而佛法的最高眞理是空，超越一切現象。當然，這個空和無，並不是斷滅的無。

「對朕者誰？」梁武帝詰問道。你剛才說沒有，那你自己到底是誰？

達摩祖師回答：「不識。」

平常人執著外在形象，容易理所當然地回答「我是達摩」。但是聖人的回答，是從最高眞理而來。「不識」，是說佛法的最高眞理超越二元對立，沒有所謂的你，也沒有所謂的我。

可惜梁武帝聽不懂，不高興。達摩祖師一看，因緣不契，就離開南京，到嵩山少林寺面壁去了。

將心來，與汝安！

在少林寺面壁九年，達摩祖師等來了二祖慧可。一如當年佛陀拈花、迦葉微笑的別開生面，達摩祖師接引二祖慧可的手法也非同一般。

二祖跪在雪地裡求法。達摩祖師考驗他的誠心，也不理他。見慧可連續跪了三天三夜，就問他要什麼？二祖說自己爲求法而來。

達摩祖師說：「諸佛無上妙道，曠劫精勤，難行能行，非忍而忍，豈以小德小智，輕心慢心，欲冀眞乘？徒勞勤苦。」意思是過去諸佛爲法捨身，你隨隨便便說一

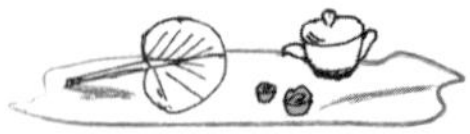

句想要求法，就可以得到無上妙法了嗎？

二祖是習武之人，揮刀砍下左臂，供養祖師，以表誠意。史稱「斷臂求法」。慧可向達摩祖師祈請：「我心不安，乞師與安。」在雪地跪了三天三夜，又砍下手臂，人是很難受的，所以求師父爲自己安心。

達摩祖師就引導他：「將心來，與汝安！」把你的心拿來，我給你安！

安心，是佛法修行的大事，也是現代人的最基本需求。今天這個時代，人人都在尋找安心之道，但多數人都不懂得向生命內在去找尋，只會一味外求，追逐地位、財富、感情、家庭、事業等等，以爲有了這些就能安心。然而，整個世界無常變幻，這些外在依賴無一不在變動之中，如何能給人安全感？

佛法告訴我們，每個生命內在都有一種深層的穩定，只要認識它，找到它，就能徹底安心。所以人們眞正該做的，是看清那顆不安的心是什麼，探尋生命的本來面目是什麼，最終找回本心。

二祖向內觀照，尋找自己不安的心在哪裡、是什麼。

向內尋找，觀照自心，是禪宗的用心方式。我在帶領大家禪修時，教大家學習審視自心，如《楞嚴經》中的七處徵心，從各種視角來探究：心，有沒有顏色？有沒有形象？在身體之外？還是在身體之內……

我們的心，到底在哪裡？

很多人每天活在念頭和情緒中，卻從未觀察過念頭和情緒到底是什麼，心到底是什麼。因爲看不清，一個念頭就能讓人尋死覓活，稍不如意就會引起情緒爆發。而佛法告訴我們，每個人都是自己最好的心理治療師，我們的心固然會因無明產生種種情緒，但它也有內在的觀照力，能化解一切情緒。

二祖一番尋覓後，向達摩祖師報告自己的發現：「覓心了不可得。」當我們眞正向內審視就會發現，所謂的「心」並非實有，所有的念頭都會空掉，所以「覓心了不可得」。

達摩祖師給他印定：「與汝安心竟！」給你把心安好了！

禪宗的手法，就是教人向內觀照，從起心動念處體認心性。或是透過審視念頭認

識本心，或是看見你執著什麼就幫你打掉什麼，直接破除執著。

一花五葉，直指本心

在中國禪宗史上，從初祖達摩到二祖慧可、三祖僧璨、四祖道信、五祖弘忍，都是衣鉢爲證，一脈單傳。直到六祖惠能座下，不再以衣鉢爲信，出了很多有名的弟子，如青原行思、南嶽懷讓、馬祖道一、百丈懷海等。此後禪宗又分出五家，即溈仰宗、臨濟宗、曹洞宗、雲門宗、法眼宗，史稱「一花開五葉」。其中，臨濟宗又分出楊岐派和黃龍派，總稱「五家七宗」，禪宗法脈廣布天下。

中國禪宗的分支分派，主要不是見地不同，而是禪風各異，所謂德山棒、臨濟喝、雲門餅，還有大家熟悉的「趙州茶」。趙州和尚的「吃茶去」，就是在對學人說法。一般人吃茶，關注的無非是茶湯、茶色、茶器、茶品。禪師的「吃茶去」，是借喝茶讓學人認識喝茶的心，在心不在茶。同樣，雲門宗常讓人「吃餅」，目的自然也不是吃餅，而是去認識吃餅的心。德山棒、臨濟喝手段峻烈，是爲了打掉對二元世界的執著，對能和所的執著，對自我感覺和現象世界的執著。

一般人脫不開對能所二元的執著，總在評善惡、辨美醜、分自他、論好壞。禪宗的種種特殊手段，都是爲了直接超越二元，體認不二的心。

禪修要處理的能所二元，一是念頭，一是影像。每個人因爲所受教育和人生經驗不同，會形成自己的一套認知模式。透過這個模式看世界，生起的每一個念頭背後，都隱含著各種觀念、動機、體驗；看到每個影像，都會賦予它種種判斷，帶動相應情緒，引發後續心念，如此念念相續，成團成簇。所以，人們其實無法看到純淨的影像和念頭。我們以爲看見了「如實的世界」，其實都自帶認知模式的烙印，並不能對世界做出如實呈現。

唯識宗說：人在認識念頭和影像時，心會面對兩種選擇。帶著我執和法執去認識，生命就進入遍計所執，進入輪迴；如實觀照，才能超越對念頭和影像的執著，證悟空性。

禪修所要培養的，正是如實觀照的覺知力，其關鍵是保持知道。我們要學會清清

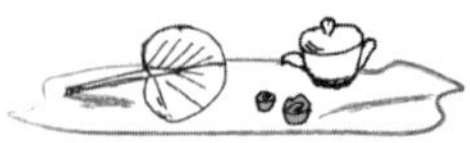

楚楚地了知當下，知道念頭、影像的生滅，不對立，不評判。讓心像監控系統的攝像頭一樣，小偷來了，知道小偷來了；小偷走了，知道小偷走了。只保持純淨的了知，就能「認出念頭，體妄即眞」。

能做到只是單純地覺知，心就能逐漸安住在空曠和清明中，念頭來去就不再會造成傷害。就像小偷進了空房子，沒什麼可偷，逛一圈就只好走了。如何把心安放在清明的覺知上？禪宗的手法就是頓悟。

從佛陀拈花、達摩東渡，到一花開五葉，形成五家七宗，中國禪宗的特點，在於直指本心。這個本心就是覺性，它既是禪的本質，也是佛的本質、心的本質。

禪與茶的關係

禪宗叢林的修行生活

中國的寺廟大體有幾類。有的是講寺，以講經說法爲主；有的是律寺，是律宗的道場，比如蘇州西園寺就是律寺；還有的是淨土宗的寺廟，主要是念佛。佛教傳入中國的早期，大多按戒律形成管理制度，因此多數寺廟都屬於戒律的寺院，執行的是戒律的兩大功能，一是規範行爲，二是提供管理制度。

中國禪宗形成之初，禪師大多借住在律宗寺廟裡。由於律宗的管理和禪宗的修行不易相應，大家希望能有符合禪宗修行需求的道場，於是有了「馬祖創叢林，百丈立清規」。馬祖道一禪師始建禪宗叢林，「不立佛殿，唯樹法堂」，一切以修行爲要。禪寺最重要的是三個地方，即講法的法堂、坐禪的禪堂、吃飯的齋堂。

既然以修行爲要，方丈的人選就格外重要。方丈，是寺院的大和尚。唐宋時期的禪院，方丈必須由明眼宗師擔當。他自己已經開悟，在修行上又很有經驗，四方學子就會雲集而來，向他學禪。

禪師的任務則是指導大眾修行，答疑解惑。來求法的學人也絕非等閒之輩，於是很多大善知識間的精采對話，被記錄下來彙輯成書，如《景德傳燈錄》就記載許多禪門祖師的機鋒論辯，世稱公案，代代傳頌至今。

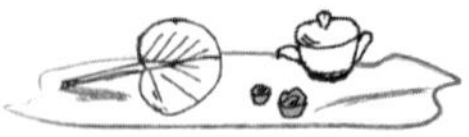

公案的發生場合，往往不在禪堂，而是在日常勞作和生活中。這與禪宗叢林必須自給自足有關。按照印度佛教的傳統，出家人托鉢乞食，不事勞作。歷史上，很多宗教的修行人都是接受供養、專事修行的。今天的南傳佛教依然保持這個傳統，能出家修行的人，在社會上備受尊重。但在中國人的世俗觀念中，「饞當廚子懶出家」，不勞作就是偷懶，乞食更會受人輕賤。

由於乞食制度在中國行不通，所以馬祖道一、百丈懷海就建立了禪宗的叢林制度，提倡「農禪並重」「一日不作，一日不食」。禪寺建在山中，開荒耕種，養活自己。因此，日常勞作、喝茶對談就成爲祖師們的悟道因緣，這樣的公案比比皆是。

禪者的生活簡單，叢林的管理也簡單。方丈是精神導師，只管領眾修行，不管具體事務。另有四大班首作爲方丈的助教，即首座、西堂、後堂、堂主。方丈坐在禪堂中間，四大班首各自在禪堂的不同方位安座，協助方丈指導大眾修行，道德教化。寺院的行政管理由八大執事各負其責，分管客堂、庫房等事務，八大執事下又有各種「頭」。叢林裡每件事的負責人都是「頭」。比如淨頭管清掃廁所，庫頭管庫房，菜頭管菜地，茶頭管茶事等等。需要所有人一起幹的活，就敲鐘集眾，稱爲普請或出坡。方丈也是頭，叫堂頭大和尚，是所有堂的「頭」裡面的頭。

住宿也很簡單，有廣單、掛單。每個人的東西都很少，掛起來就行。大通鋪上一人一鋪，沒有私人空間，大家無我共住，同吃同住同勞動，過著簡樸的生活。叢林裡每天除了勞作，就是禪修。禪修中遇到問題，就在每天的固定時間去請法。方丈也會上堂說法，有疑問可以當場求教。

禪宗認爲，穿衣吃飯、搬柴運水、行住坐臥、語默動靜都是修行。禪師之間都是以本分事相見。所謂本分事，就是立足於對覺性的體認，超越一切事相。一個眞正的禪者，隨時都在日常生活中指點學人，怎樣認識並契入本心，怎麼安住本心，時時保任。這些生活中的點化，不需要很多道理，只要有好的方法，好的老師，就能讓學人時時保持正念。我們現在提倡的正念禪修，也是希望大家做每一件事，都提醒自己帶著專注和覺知，有疑問就請教老師來解答。

禪的修行，就在日常生活中，它超越宗教，超越道理。也許有人會說，那就不要

學道理，趕快頓悟好了。要知道，體認心性的修行，並非人人觸手可及。禪宗自明清以來一路衰落，就是因爲不重視見地，不重視聞思，不重視基礎，導致學人不知該怎麼用心。即使禪法再好，也修不起來。

禪宗以無門爲法門，沒有固定的門路。遇到好的老師，可能給一巴掌就開悟了。比如《傳燈錄》記載了雲門祖師文偃的開悟因緣。文偃去拜訪他的老師睦州和尚，被老師從門裡推出。不等文偃後腳跨出門檻，睦州和尚把門一關，把他的腳夾折了，而文偃也開悟了。在禪者心中，能悟道是天大的好事，腿瘸不瘸不足爲慮。

可見，禪在生活中，生活就是禪，是中國禪宗的家風。過去的禪師隨時能開悟，也得益於叢林簡樸的生活。因爲環境簡單，生活簡單，修起來就容易。今天的人環境複雜，生活複雜，人心更複雜，如果不能讓生活簡單下來，修行很難成就。

叢林裡的茶與禪

茶，在叢林中占據獨特地位。

禪寺生活極爲簡單，除了出坡勞作，只剩下吃飯、喝茶、上廁所。而叢林的勞作，除了種糧、種菜，就是種茶。閱讀歷代燈錄，會發現茶的身影隨處可見。禪者們不是在種茶、採茶、製茶，就是在泡茶、喝茶，接引大眾吃茶去。

在叢林生涯中，茶，既是重要的生活元素，也是重要的修行元素。在禪門要務中，茶，既是禪師的常客，也是入禪的常課。禪的關鍵是用心。今天的武夷山、雲南，很多人在種茶、採茶、製茶，但因爲沒有禪的用心，這些都不是禪修。只有帶著正念種茶、採茶、製茶、喝茶，才會富有禪的智慧，觸及禪的高度。

禪堂裡打禪七時，每天會喝好幾次茶。喝茶本身就是禪修的一部分，同時也是打坐禪修的重要助緣。過去很多禪堂通風不太好，光線也較暗，加上坐禪時間長，人容易昏沉，喝茶可以驅趕睡意，起到醒神的作用。如果是陳年老茶，還有安神和通暢氣脈的功效，可以助力禪修。

禪師們日常喝茶，更是接引徒眾的重要方式。就像我們知道的「吃茶去」，其實是在教人體悟本心。燈錄中的很多公案，就發生在師父借茶點化學人之時。

《五燈會元》記載，龍潭崇信禪師給天皇道悟禪師做了多年侍者。有一天，他向師父辭行說：「師父您從來不給我講法，我要走了，去別的地方求法。」

師父說：「我怎麼沒給你講法？」

崇信禪師不解地問：「您幾時給我講了？」

師父說：「你奉茶來，我接過你的茶；你端飯來，我接過你的飯；你來行禮，我接受你行禮。我哪一處不是在給你講法？」禪師的引導比較無相，一般人可能看不懂。

除了應機設教，茶的妙用還被寫入歷代禪院清規，成爲叢林常規活動、組織制度和禮儀軌則中不可或缺的角色，是禪院生活的經典要素，蘊含中國禪獨有的精神內涵。歷代的叢林清規中，對禪修時該怎麼喝茶，重要慶典中該怎麼喝茶，執事請職任職時該怎麼喝茶，寺院普請喝茶時該怎麼喝茶，都有詳細而明確的規範。昨晚茶會上的儀軌，就是茶專案組借鑑歷代清規的茶會禮儀，做了別院版的呈現。用茶禮攝心，更能幫助學人靜心、安心，乃至體認本心。

總之，叢林生活中的茶，與禪密不可分。有禪的智慧，喝茶也是修行；不了解禪的內涵，喝茶就只是喝茶。現在社會上的很多茶空間，外在形式也能做得像模像樣，但因爲缺少禪的精神內涵，不知道什麼是眞正的禪，不懂得如何透過喝茶契入禪的境界，環境營造得再好，也只能讓人靜靜心，作用十分有限。

中國禪茶與日本茶道

唐宋時期，日本人仰慕中國文化，派出一批又一批僧人、學士、官員來中國學習。隨著大唐高僧鑑眞東渡，日本遣唐僧人最澄、空海、榮西、圓爾辨圓、南浦紹明等學成歸國，中國的禪茶，連同佛經、禪法、清規、茶種、茶會、茶禮等陸續被帶到日本。大家今天熟知的日本茶道，就源自唐朝禪宗宗廟裡的禪茶。

茶傳入日本後，前後經歷兩次風格演變。

早期的中國茶，主要進入日本宮廷貴族階層，茶風奢靡華貴，重視茶器的尊貴精緻，追求禮儀的典雅繁複。後來，日本高僧一休宗純及門下的村田珠光、武野紹鷗

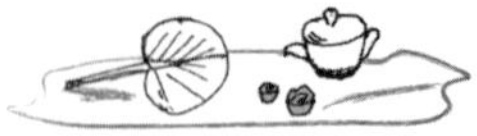

等，極力倡導中國禪茶的自然樸素之風。以日本茶道之祖村田珠光首倡的草庵茶爲代表，緊小空間、陳舊器物、拙樸茶風逐漸成爲日本茶道的主流。被稱爲日本茶聖的千利休，是武野紹鷗的弟子，他將拙樸茶風、侘茶之美發揮到極致，並透過嚴格的認證制度傳承至今，使日本茶道在全球獨領風騷。

重建中國禪茶精神

唐宋時代，禪者們大多喜歡在山林修行，在湖南、江西、福建一帶的山區，禪寺多，好茶也多，出了很多著名的禪宗祖師，如前面提到的南嶽懷讓、馬祖道一、百丈懷海、石頭希遷等。直到今天，禪宗寺院的禪茶，還保持著最初的拙樸之風。我早年住過閩侯雪峰寺（編按：位於福建省閩侯縣的雪峰崇聖寺），是唐朝雪峰義存祖師的道場，我去的時候都還是這樣喝茶。

山中禪林，環境清幽，禪者也不求器物精美。簡樸空間、尋常茶器，就是中國禪茶最天然的模樣。這種風格直接影響到日本草庵茶、侘茶的出現。侘茶提倡的侘寂之美，與現代時尚的侘寂之美，從源頭到內涵都有本質上的區別。它不是爲侘寂而侘寂，而是茶器和空間被時光浸潤後自然呈現的古舊之美、沉靜之美。

今天的人，普遍不知道精神追求爲何物。無論是以侘寂爲時尚，還是以奢靡爲驕傲，在意的都是外在形式。這種沒有精神內涵的物質生活，一無靈魂，二無營養，既不能安頓身心，更談不上滋養生命。

中國禪的風範，透過茶和茶道傳遍整個日本，上至王公貴族、下至平民百姓，從禪詩俳句，到茶器茶服，影響遍及日本文化的方方面面。我們借鑑今天的日本茶道，首先要知道其源頭是中國禪茶，同時也要爲今天世界的茶文化重新賦予禪的內涵，將茶生活帶入禪的境界。

中國是茶的源頭。千百年來，喝茶早已融入國人的日常生活，家家都有茶，人人都會喝。樸素的空間、簡單的茶器，只要融入禪的智慧，就能安頓身心。以茶爲媒介，承載禪的智慧，走進千家萬戶，幫助人們安頓身心，是大眾的需要，也是利益更多人的大方便。

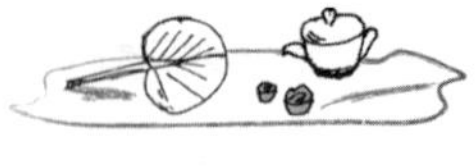

煮好一壺茶

初級茶課，普惠大眾

靜心空間、靜心茶器、靜心茶禮，初級靜茶七式從靜到動，把泡茶、喝茶帶入靜心禪修，一經推出便廣受歡迎。很多人喝茶幾十年，第一次發現喝茶還能有這麼好的體驗。所以，儘管大家這次來學的是中級茶課，但我們服務社會的重點還是初級茶課。

初級茶課採用大眾化的呈現方式，儀式感很足，更容易讓人安心。從感恩有禮、靜心備器，到煮水聽茗、溫器傳香，再到泡茶醒心、平等分茶，最後帶著覺知專注地吃茶。還有靜場七事中的本來空，整個過程招式流暢，一氣呵成。同時，進入靜場七事營造的禪意空間，容易收攝身心，語音提示也能有效引導專注力和覺知力的訓練。借助這些善巧的設置，每個人都能學會帶著正念泡好一杯茶，喝好一杯茶，把禪的智慧融入茶中。

現代人的心很散亂，如果沒有特定的氛圍、環境、儀式感，很難靜下心來。借助強大的禪意氛圍令心安靜，學會正念的用心方式，培養專注力和覺知力，是推廣初級靜茶七式的重點。

煮茶觀心，無念安禪

中級靜茶七式各個環節的名稱，與初級茶課大體一致。主要區別是煮茶觀心這一式，技術要求比較高。

首先，煮茶本身涉及很多技術要領，事前準備必須做足。無論是選茶、備茶、擇水、備器，還是起炭、煮水、布席等，每一項都需要學習足量的專門知識，還要反覆練習才能熟練自如。

其次，相比初級茶課的大眾化，中級靜茶七式更細膩，更講究，更適合禪院生活，環境要更禪意，器物要更拙樸，空間要更純淨。

環境的營造很重要。現代人忙碌不堪，必須有一個很有攝受力的場，才能讓人一

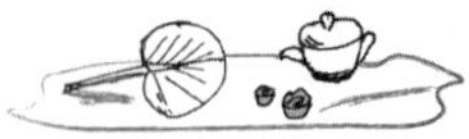

進入就靜下心來。這兩天，大家要學習的內容很豐富，如何淘茶、存茶，如何選茶具、茶席、茶爐、如何布置茶室、營造茶空間，都有專門講解。之所以如此講究，是因爲它們會影響場的氣韻、心的安住。就像很多人來到別院，感到所有建築與自然景觀完全融爲一體，沒有任何對立和衝突。在其中走走、看看，人也舒服，心也安靜。這就是場的力量。

同時，煮茶觀心環節對心性的要求也更高。等待煮茶時間很長，只能無事可做地坐著，很多人會感到無聊。其實，無聊是修行的好機會。因爲它意味著心沒有一個所緣可黏，是能所對立最弱、最容易被突破的時候。

過去的人，每天總會有些時間跟自己待在一起，曬曬太陽，賞賞月，實在不行去睡覺，睡不著只能看天花板。如果是個修行人，這樣的無聊正好用來認識本心。但現代人不能忍受無聊，要一刻不停地抓取什麼才行。要麼拚命做事，要麼看電視、打遊戲，能和所緊密連結，心已經掉進能所裡，自然不會無聊。有了電視、手機，就更沒法讓心閒著，睡不著了，半夜三更都要爬起來刷手機。

從不讓自己跟心待在一起，就沒條件審視自己的心，不知道抓取的心是什麼狀態，沒著落的心是什麼感覺，既不懂得給自己留點無聊時刻，能無聊的時候也不知該如何享受。享受無聊，就要學會無念的禪修。等待煮茶、靜心喝茶的時候，學會帶著正念，對周圍一切保持清清明明；不喝茶了，就悠閒地待著，什麼都不做。

這種什麼都不做的能力，正是在學無爲。有人說，什麼都不做地待著，我就會打妄想。那不是什麼都不做，那是在打妄想。所謂什麼都不做，是指不主動做任何事。一般人因爲做不到什麼都不做，總要打妄想。這時就要學會不去搭理妄想，只是單純地知道自己「正在打妄想」，不支持，不跟隨。能這樣做，即使打了妄想，也是什麼都不做。

事實上，只有學會什麼都不做，才眞正具備修行的能力，才能開始練習兩種能力：一是想做就做，做就做好的能力；一是不想做就不做，讓心安靜的能力。比如，想不生氣就能不生氣，想不跟著欲望跑就能不跟，只是安安靜靜地坐在念頭的河岸上，看念頭來來去去，產生、消失，產生、消失……想做就做的本事，人們多少都

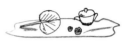

有；想不做就不做，只安靜地待著，還能不陷入我執和法執，會的人恐怕不多。

煮茶的時候，一個人，或一群人，老老實實坐著，不做任何事，不玩手機，也不跟著念頭跑，讓茶在炭爐上煮著，煮多久就坐多久……這就是在訓練不做任何事的能力，就是在學無念禪修。現代人特別需要這個能力，也特別不容易修成。

在去年的丁香茶會上，我開示了如何從正念到無念，從有修到無修，從有作到無作，就是爲了幫助大家獲得無念、無爲的能力。這是學習「煮好一壺茶」需要具備的認識。

打造安心茶室，落實禪意生活

末法時代，修行如一人與萬人敵，特別需要相應的環境，來幫助抵擋眾多的誘惑、強大的串習。

傳統文化，安頓身心

這幾天，我看見有些父母做定課，爲了圖省事就給孩子手機，結果孩子玩手機比父母做定課還認眞。玩手機的串習一旦養成，孩子也可能毀了。這是現代家庭的普遍現象。在家修行爲什麼難？因爲今天的家庭是我執的天地，串習的堡壘，是放逸和懈怠的溫床。想眞正把修行融入生活，首先要從改變家庭的生態環境開始。

過去，很多人家裡有佛堂。我小時候家裡也有佛堂，全家人早上一起做功課。不過那時學佛被斥爲迷信，念完經還要把佛像藏到閣樓。相比之下，現在學佛幸福多了。有些家庭未必合適設置佛堂，但布置一間或大或小的安心茶室，還是容易做到的。企業也可以設一間安心茶室。現代人看重利益，如果沒有企業文化，企業就是一個純利益的群體，管理起來會困難重重。

好的家庭，要有家庭文化；好的企業，要有企業文化。中國傳統文化主要是儒釋道文化。儒家講究修身齊家，提倡學以成人。對於人際關係，儒家講五倫，佛教講六倫，都認爲人與人之間要有共同的道德規範，相互的責任與義務。一個家庭，如果能做到父慈子孝，兄友弟恭，每個人都遵從各自的行爲準則，各種關係都能處好。所以，以前的家庭即使人口眾多，也能和睦相處，四代、五代同堂是美德和厚福的象徵。

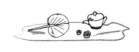

家庭沒有規矩，問題就越來越多。現在有些小家庭，沒有老人，不要孩子，兩個人還處不好。還有很多家庭面臨孩子叛逆、夫妻不忠、父母養老、生死歸宿等問題。很多人活著不知道該怎麼好好活，臨終不知道該怎麼好好死。信仰缺失、精神匱乏，成了社會常態。

中國人現在最大的問題，就是丟掉了自己優良的傳統文化，以致家不像家、人不像人，眞正健康的人都不多。每個人都有家庭倫理、身心健康、安身立命、精神追求的問題，而現代教育在這方面幾乎是一片空白。今天的人，物質上追求極致體驗，製造一個普通產品都要精心設計，對於生命這麼重要的產品，怎麼可以不教不學，不聞不問，讓它野蠻生長？面對這種現狀，如何繼承中華優良傳統文化，已經迫在眉睫。當中國逐步強盛起來，這一點顯得尤爲重要。

儒釋道的文化人格雖不盡相同，卻都是培養優良品質的生命教育。儒家講修身養性，教人從修身、做人到成爲有德的君子，乃至成賢成聖。佛法講明心見性，教人透過心性修養，成爲圓滿智慧和慈悲的覺者。道家講無爲的智慧，逍遙的人生，教人不爲物役，返璞歸眞，成爲至人、神人、聖人。這些儒釋道的理想人格，千百年來一直指引國人做人做事、定國安邦，對今天的中國人更有著特殊的意義和價值。

透過學習和傳承優良的傳統文化，每個人都可以在修身、齊家、治國、平天下的方向上得到良性的成長。以修身爲本，成就美好的自己。有了健全的人格、高尚的品質，更能好好服務社會。中華民族的偉大復興，離不開每個國民的身心健康。如果只有功利的教育，技術的教育，沒有做人的教育，培養的都是「精緻的利己主義者」，缺乏健康的身心、仁愛的精神、健全的人格，隨著科技發展越來越快，社會和心理問題只會越來越多。

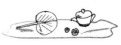

安心茶室，禪意生活

我希望安心茶室能走進各個家庭和企業，成爲人們喝茶、讀書、探討靜心慢生活的靜心之地。

大家坐在茶室，一起喝喝茶，學學中醫養生穴位按摩或穴道導引，讀讀《大學》《中庸》《論語》《老子》。有了佛法智慧的統攝，懂得因果原理和空性智慧，儒家很多做人的美德，如仁義禮智信、溫良恭儉讓，就不再被當成單純的道德教條，而能在家庭、企業、社會生活中自覺落實。

安心茶室也可以是學習、禪修的空間。有這樣一方靜心地，三五親人、十餘好友一起喝喝茶，學學初級或中級茶課，聊聊斷捨離等環保生活方式。當書香和分享成爲常態，家庭的氛圍、企業的人際關係馬上就會不一樣。

現在的家庭中，兩個人待著，還在各玩各的手機。身體住在同一個屋簷下，心卻活在各自的手機世界和自我感覺中。要改變這種冷漠、無感的氛圍，讓心從手機回歸人際世界，必須學習並傳承儒釋道文化，重建國人共同的信念、文化和精神追求。

我們推廣安心茶室，正是為了讓中華優良傳統文化走進千家萬戶。在安心茶室學習傳統文化，感覺家中有個安心茶室確實很好，也會回家布置起來，帶著家人喝喝茶、讀讀書，學學傳統文化。有了良好氛圍，傳統文化就能真正融入家庭關係，融入企業文化。

以安心茶室為基礎，可以進一步打造禪意空間，落實禪意生活。禪意生活崇尚的不是奢侈，而是簡樸；不是沒有精神內涵的物質生活，而是富有禪智慧的簡樸生活。生活成本會更低，生命智慧卻會更高。

有了禪意生活環境，就可以把更多傳統文化的生活形態帶進家庭。未來我們的靜心慢生活課程，除了禪茶、養生、素食、斷捨離，還會有禪詩讀誦，《大學》《中庸》等經典選讀。我們會把有益於當代人修身養性的課程整理出來，送進更多的家庭、企業乃至寺院，做更多社會服務。

這樣去做，就會為弘揚傳統文化形成良性的生態環境。在這樣的環境中，每個人都能健康成長，還能幫助更多人健康成長，真正實現自利利他、自覺覺他。讓每個人

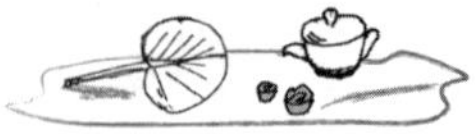

都變得身心健康，道德高尚、富有愛心。

今天的世界，人與人休戚與共，國與國禍福相依，人類確實步入命運共同體的時代。如果別人都過不好，走在路上不知道身邊誰是精神病人，我們能過得好嗎？所以，大家一定要發菩提心，創造更多的善因緣，用安心茶室傳遞東方文化的智慧，傳遞禪的精神，讓世界走向覺醒。

6

以茶入禪，回歸本心

—— 二〇二二年七月「月光茶會」開示

上次月光茶會的月亮超大。這次雖然還沒看到月亮，其實月亮一直都在那裡，只是因緣的顯現不同。我們辦茶會，不是爲了喝茶本身，而是要把喝茶變成禪修，變成明心見性的修行。

什麼是禪？禪師說：禪在穿衣吃飯中。有人難免生疑：世間人都在穿衣吃飯，爲什麼不是禪？禪師的回答是：世間人吃飯穿衣，總是帶著妄想、執著、分別，是從貪瞋癡出發，最終成就的還是貪瞋癡。

喝茶也是同樣。近年來，茶道盛行一時。人們講究茶葉的品質、類別，選擇茶席的用品、布置，也開始關注茶所呈現的精神內涵。茶空間中，常常可以見到「茶禪一味」「吃茶去」之類的書畫和裝飾。但眞正想要以茶入禪，並不是掛點什麼、說點什麼就能做到的。

如何把喝茶變成禪修？這事既簡單，也不簡單。

簡單，因爲禪的本質就是清明的心。這顆心人人具備，與我們須臾不曾分離。正如傅大士所說的那樣：「夜夜抱佛眠，朝朝還共起。起坐鎭相隨，語默同居止。欲識佛去處，只這語聲是。」在我們的禪修訓練中，不論是身體掃描練習還是正念禪修，不論以身體還是呼吸爲錨點，都是爲了引導大家體會內在的清明。經過這麼久的訓練，我們對此多少會有一些觸及。

不簡單，是因爲我們無始以來一直活在無明妄想中，開啓心的清明並不容易。即使偶爾亮一下，很快會有無明的雲霧飄來，使心被遮蔽，被迷惑，被干擾，被各種念頭帶走，使人看不清自己，看不清心的本來面目。所以除了座上修，我們還要把禪的修行貫穿到一切時，才能逐步掃除內心迷霧。

我們需要在生活中訓練專注和覺知，學會單純地吃飯，單純地走路，單純地喝茶。所謂單純，即帶著正念，讓喝茶回歸本來狀態。喝茶只是喝茶，沒有任何分別、評判、抗拒、貪著。更重要的，是在內心保持一份了了明知。

生命是無盡的積累。所有的身口意三業發生後，都會在內心留下烙印，使生命帶著輪迴的印痕，累積串習的力量。這種串習又使心不斷向外攀緣，執著財色名食睡五欲，追逐色聲香味觸法六塵。對眼前這杯茶，同樣充滿了分別、好惡、貪瞋。

凡夫心的特點就是念念馳求，捨本逐末，所以祖師諄諄告誡我們「莫向外求」。關於此，臨濟禪師的解讀是：「你要與佛祖不別，但莫外求。你一念清淨心光，是你屋裡法身佛。一念無分別心光，是你屋裡報身佛。一念無差別心光，是你屋裡化身佛。此三種身，是你即今目前聽法的人，只爲不向外求有此功用。」

爲什麼僅僅不外求，就能和佛祖無別？因爲他們有的，我們也有；他們證悟的心，我們也不缺少。問題在於，我們內心還有種種妄想，總在無休止地製造並追逐影像。就像猴子往水中撈月，儘管到頭來是一場空，但這種追逐從未停止。

我們不知道，生命中還具有無盡寶藏，必須向內開發。修行，正是爲了開啓這個寶藏。剛修行時，我們的正念很羸弱，就像初生嬰兒，同樣是人，卻沒有力量。必須透過禪修不斷地認識它，熟悉它，才能像嬰兒逐步成人那樣，變得強壯有力。

雖然心的本質清淨無別，但眾生根機有別，所以在顯現上有利鈍不同。有的眾生心地清淨，爲上根利智，稍加打磨就能一超直入如來地（編按：指不須經歷各種修行層次，直接證入佛位）。也有的眾生心垢極厚，剛強難調，必須不斷集資淨障，以正念掃除心垢。在此過程中，除了聞思修的常規次第，還要輔以種種方便。

我們倡導的靜茶七式，正是爲現代人量身打造的方便和助緣。茶是生活的重要組成，既屬於生活化的「柴米油鹽醬醋茶」，也位列文藝化的「琴棋書畫詩酒茶」，自古就深受各界人士喜愛。以茶爲載體，承載禪的智慧，將泡茶、喝茶與正念修行相結合，是適合不同群體的契入點。

今天是一個浮躁的時代，人們心中充滿妄想和散亂。在這樣的心行狀態下，修行舉步維艱。所以要借助善巧方便，把躁動的心帶回當下，才能透過修止開啓觀慧，徹見本來。靜茶七式正是針對人們普遍存在的問題而設，那麼，如何在實踐過程中與禪修相應？關鍵在於，每一式都要善用其心。

第一式、感恩有禮

學佛人都會說菩提心、慈悲心，但往往只是一句口號，並沒有成爲自身心行。爲什麼修不起來？因爲我們對眾生是無感的，覺得眾生死活與己無關。既然沒有關係，

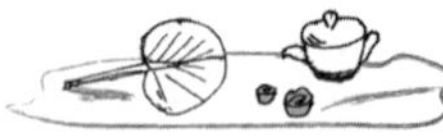

爲什麼要慈悲他、幫助他、利益他？

在修習菩提心的七支因果中，以知母、念恩、報恩爲前提，由此生起慈心、悲心，進而從增上心導向菩提心。感恩，包含了念恩和報恩，是七因果的關鍵所在，可以使我們與眾生建立連結，看到眾生對我們的付出。

生活在世間，我們既是獨立的個體，也是世界的一部分，離不開萬物的滋養，眾生的護佑。我們今天參加這場茶會，同樣有眾多因緣的成就，所以要對這一切心生感恩。佛法說的「上報四重恩」，就是感念父母、師長、國家、眾生的恩德，發願報答。當我們生起感恩，內心是歡喜且柔軟的，會主動想著爲社會、爲眾生做些什麼。這是增長慈悲心的基礎。

此外，還要修習恭敬和虔誠，這點也很重要。現代社會倡導個性解放，視恭敬爲卑微，視虔誠爲盲從，使得很多人無所顧忌，內心躁動。事實上，恭敬是看到人生榜樣後的景仰之情，虔誠是找到終極歸宿後的依止之心，這些心行首先是讓自己受益。很多人在寺院看到佛菩薩像時，會覺得無比安寧。爲什麼會這樣？正是被自己的恭敬和虔誠淨化了。

當我們帶著感恩心在茶席前入座，儀態必然是謙和的，舉手投足必然是調柔的，就能營造一個正向的場。

第二式、靜心備器

「心本無生因境有。」凡夫最大的特點是心隨境轉，很容易受到外境影響。如果環境嘈雜混亂，充滿誘惑，是很難令心安靜的。所以我們首先要營造清淨、自然、空靈的環境，可以很簡樸，但不能有任何髒和亂。

更重要的，是保有一份清淨心。「清淨心」三個字說起來簡單，做起來並不簡單。雖然眾生本來具足清淨心，但無始以來，無明、煩惱、貪瞋癡使心總是處於混沌中，妄想紛飛，難以進入修行狀態。這時就需要環境的助力。別院正是營造了這樣的氛圍，透過如法有序的生活，幫助大家安頓身心。進一步，透過有次第的禪修，學會以清淨心待人處世，以空性見照見本來。這樣才能在任何問題出現時，隨時放下，不

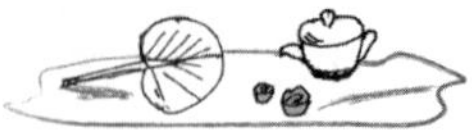

受干擾。

此刻，我們帶著正念專心準備茶器，不散亂，不慌張，也不陷入妄想。在整個過程中，始終保持明晰的觀照，知道自己的一舉一動，乃至所有的微細變化，心就會隨之安靜下來。就像一潭水，靜則清，清則明。

第三式、煮水聽茗

我們坐在這裡，感受天地的空曠，微風的吹拂。在陣陣蟬鳴和若隱若現的音樂中，靜靜聆聽水沸的聲音。

聽，也是一種修行。《楞嚴經》說：「反聞聞自性，性成無上道。」平常人的聽，是向外追逐聲塵。而追逐六塵的過程，會在內心留下很多影像。然後，我們又會被這些影像左右，活在塵勞妄想之中。

煮水聽茗，是強調一種聽的力量。這種力量和聲音有沒有關係？如果僅僅關注聲音，當然覺得和聲音有關——因爲有聲音，我們才能聽到。事實上，兩者並沒有必然的關係。

在此刻，你們可以聽到我的說話聲，聽到蟬鳴、樂聲和水沸聲。當我不說話，水也不再沸騰時，聽的作用在不在？依然是在的，我們將聽到安靜的聲音。有聲音時，聽到的是聲音；沒聲音時，聽到的是安靜。但聽的力量始終都在，不增不減。

這一式也叫煮水觀心。因爲此刻是個空檔，不需要做什麼，可以向內觀察自心。這是反聞聞自性的修行。所以聽茗的重點不在於水的沸騰，而是由此體會能聽的力量，體會這顆清明的心。

第四式、溫器傳香

萬物有各自的緣起，泡好一杯茶，同樣要尊重它的緣起。我們現在喝的岩茶產自武夷山，有「千載儒釋道，萬古山水茶」之美譽，蘊藏豐富的文化內涵。武夷山和我們所在的泰寧都屬於丹霞地貌，泰寧是青年時期的丹霞地貌，武夷山則是中年時期的丹霞地貌，更爲老辣。此間孕育的茶，吸山水靈氣，收日月精華，品質和神韻獨特。

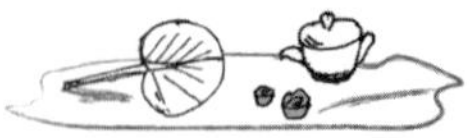

除了物質內涵和文化傳承，這片茶葉還蘊含宇宙的一切訊息，即我們常說的「一花一世界，一葉一如來」。現代的全息觀也告訴我們：萬物的每個部分都包含整體的所有訊息和特性。爲什麼是這樣？

華嚴宗杜順祖師在詮釋「一即一切」時說到，每個點之所以能蘊含宇宙的一切，和宇宙完整連結，關鍵在於「理不可分割」。因爲萬物都蘊含著最高眞理，而眞理本身是相通的，不可分割。在這個本質上，一和一切無二無別。

我們看到的每片茶葉，也蘊含從山水日月到文化傳承的精華。只有理解並尊重這些緣起，才能展現茶所擁有的能量。尤其是老茶，經過十年、二十年的收藏，內含物質被包裹已久，需要有醒茶的過程。

溫器就是爲醒茶所做的準備。用沸水加熱茶器、投茶並適度搖動之後，茶的乾香就被喚醒，爲接下來的泡茶做好前行。

第五式、泡茶醒心

泡茶時，必須根據茶本身的特點，採用相應的沖泡方式。這個環節需要在實踐中歸納經驗，並透過當下的觀察，隨時調整。即使同一類茶，因爲茶青品質、加工工藝的差別，及飲者接受程度的不同，沖泡方法也要隨之改變。總之，要尊重茶和飲者的緣起，既讓茶的內涵得到充分展現，也讓飲者如啜甘露。

我們要帶著正念完成這一套動作，對自己的動作清清楚楚，同時對每泡茶湯的表現清清楚楚，對飲茶者的反應清清楚楚。整個過程必須時時保持專注，心才能和茶相應。如果心不在焉，或談天說地，胡思亂想，即使動作很熟練，也難以和茶建立連結，更不能以此導向正念的修行。

正念禪修中，有個練習是吃葡萄乾，透過一套儀式，細細感受葡萄乾的顏色、質地、滋味，以此培養正念。泡茶同樣要營造一定的儀式感。這不是某些茶道表演中的花式動作或故弄玄虛，而是把每個手法做準確，做到位，同時把握節奏，不疾不徐。在相應的儀式感中，心更容易找到目標，隨之安靜。否則，我們往往會隨著串習的慣

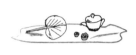

性行事。用現在的話說，就是不走心。

清明的心原本就在那裡，只是因爲我們從不和它招呼，不和它來往，才會那麼陌生，這就需要透過禪修去喚醒。不論靜坐、經行還是泡茶，目的都是去發現它，認識它，熟悉它。久而久之，你會發現它時時都在那裡，充滿力量。

修行不是修出一個什麼，不是憑空造出原來沒有的東西。比如航空母艦和人造衛星，完全是人爲製造的。修行所體認的，是本來具足的心，「在聖不增，在凡不減」，並不因爲我們現在是凡夫就少了什麼。只是因爲不認識，才要透過修行去開啓。

凡夫被無明所惑，總是跟著念頭跑，四處攀緣。因爲我們還沒養成安住的習慣，沒嘗過它的甜頭，不知道安住本心才是最自在的。所以要改變用心習慣，讓心從弛求中歇下，從混沌中醒來。

爲什麼把泡茶和醒心連起來？因爲其中都包含對緣起的認識。我們在泡茶時，要根據茶的特性，選擇相應的器具和投茶量，採用合適的水溫、注水方式和出湯時間。

眾緣和合，才能讓茶香和滋味充分呈現。這些要從緣起的層面深入學習，任何環節的疏漏，都會影響整體效果。

緣起是佛法的重要智慧，可以使我們改變看待問題的方式。凡夫總是活在我法二執中，由此形成自我的認知模式和需求模式。然後帶著自我的認知生活，帶著自我的感覺看世界，帶著自我的標準評判他人，帶著自我的需求追名逐利。當每個人都這麼做，必然會導致是非、對立和紛爭，給自己帶來煩惱，給他人製造痛苦。

學佛，讓我們尊重緣起，尊重一切生命乃至世間萬物的存在。佛法所說的隨緣，就是在尊重緣起的前提下，審時度勢，以適合當下的方式解決問題。這是生命的大智慧，可以破除我執，讓萬物和諧共生。

這種智慧不僅可以用在生活中，還可以用在泡茶中。我們要了解茶的文化，尊重茶的特性，帶著開放、清明的心泡茶，讓每道茶都能發揮自身特質，完成此時此刻的圓滿呈現。

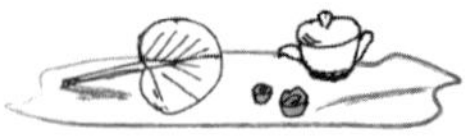

第六式、平等分茶

禪宗特別強調平常心。曾經有人問馬祖道一：什麼是道？馬祖說：平常心是道。這句話聽起來很平常，也常常被人用在各種場合，似乎很多事都可以用「平常心」三個字來消解。

究竟什麼是平常心？我們可能覺得，自己是個平常人，過著平常日子，現前的心不就是平常心嗎？事實上，我們認爲的平常心，是很不平常的。因爲這顆心充滿是非、好惡、美醜、榮辱、得失，充滿由人生經驗形成的評判、取捨、設定、期待，以及由此造成的種種情緒和心理。這些都不屬於平常心。但因爲我們把平凡錯認爲平常，才認識不到「平常心」的高度。在佛法修行中，兩者是完全不同的。

平常心，是我們原本具足的清淨心，是沒有任何包裝的赤裸的心，就像清澈的水，又像無雲的晴空。這個心雖然是現成的，但無始以來始終被遮蔽，必須透過修行開啓，否則是見不到的。

在禪修時，我經常引導大家以全然開放的心，接納當下的種種身心感受，不評判、不抗拒、不討厭、不貪著。這就是在訓練平常心，讓心像鏡子一樣，照見清淨，照見汙濁；照見日月天地，也照見陰暗角落。無論照什麼，都如實顯現，不起波瀾。又像監控系統，小偷進門，它不會討厭；貴客光臨，它不會歡喜。只是了知當下發生的一切，不帶任何評判，更不因此生起情緒。

雖然我們現在沒有平等心，但內心是具備這個層面的，只要方法正確，反覆訓練，終有一天可以見到。平等分茶，正是幫助我們培養這一心行。不論對面坐的是誰，是你熟悉還是陌生的，是你喜歡還是討厭的，現在統統放下，只是把這道茶平等地分出去。分茶的杯子叫「公道杯」，也是說明這個道理。

我們共享這杯茶，不存在誰有誰無，誰濃誰淡，誰多誰少。藉由平等一味的茶，平息內心的種種妄念，在平靜、平和中體會平等。

第七式、吃茶去

「吃茶去」是禪門的重要典故。禪宗典籍記載，當時有很多學人去拜訪趙州禪

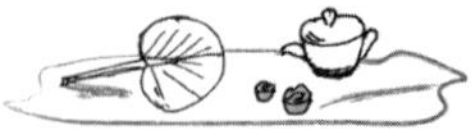

師，不論來者是誰，禪師都以一句「吃茶去」接引。此後，這句日常寒暄就有了不同尋常的深意，也成爲某些拾人牙慧者所好。

兩者的區別是什麼？其實，吃茶的重點不在於茶，而是體會能吃茶的那顆清清明明的心。如果我們帶著貪心、分別心、好惡心喝茶，即使能在技術和經驗層面，把茶味品得頭頭是道，也只是高級評茶師而已，和禪師的「吃茶去」了不相干。只有帶著專注、覺知，尤其是無造作的覺知，以茶入禪，才能和古德的教誨相應。

總之，靜茶七式不僅是讓我們學會泡茶，還是靜心慢生活的組成。更進一步，是導向禪修的方便，乃至讓泡茶成爲禪修。透過這杯茶，感恩萬物，體會緣起，訓練專注，培養覺知，開啓生命內在的清明。

7

花開有時，一期一會

—— 二〇二二年「丁香茶會」開示

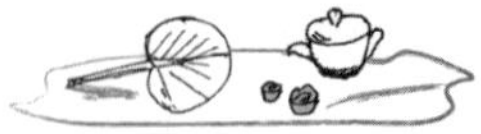

今天這個丁香茶會，大家一起喝茶、賞花、聽雨，是不是很美好？

別院的樹木以銀杏、紅楓、老梅樁爲主，之前並沒有計劃種丁香。後來發現有塊空地，就想到了丁香。我就讀中國佛學院時，學院所在的法源寺有很多丁香。花開時，會有「丁香詩會」。這是源於明清的吟詩唱和活動，很多歷史名人都參加過，堪稱盛事。以前我去北京，如果正值花期，也會去看一看。

在別院丁香盛開之際，想到我們也可以做些什麼，就有了這次茶會。以後我們不僅可以有丁香茶會，還可以有銀杏、紅楓、梅花的茶會，乃至一草一木，都可以成爲茶會的緣起。

早在唐宋時期，茶就與禪結下了不解之緣，不僅是僧人修行的助力，也是向民眾普及佛法的載體。依循這一傳統，我們也賦予茶會靜心慢生活的內涵，以及面向社會的方便。

我們最近做了「靜茶七式」「靜場七式」的教材，可以讓更多人學習。具體怎麼運用？別院是呈現靜心慢生活的範本，所以首先在這裡落實。

當然，我們眞正的目的不是茶，也不是花，而是以此爲修心的契機。透過相應的儀式感，讓心放下萬緣，安住當下。

丁香盛開，是不是所有人都注意到了？我想，可能有些人並沒有看到。因爲我們的心總是在別處，在追逐，在思緒紛飛，反而對眼前的美好視而不見。

茶會，正是引導我們把心帶回當下。

我們靜靜地坐在這裡，賞花就是賞花，聽雨就是聽雨。此刻不需要做任何事，只要帶著開放的覺知。

喝茶時，靜靜感受茶的味道，感受喝茶的整個過程。從端起茶杯，茶湯入口，進入身體，對所有變化了了明知，而又心無所住。

怎麼才能了了明知？佛陀十大名號中的「正遍知」，就是對一切的全然了知，通天徹地，纖毫畢現。這種遍知的智慧，是於「無所住而生其心」。

凡夫的認知都有焦點，當心關注某個對象時，會產生分別、執著，以及相應的情緒。一進入這個狀態，其他就被自動忽略了。就像現實中，我們心事重重時，對外界

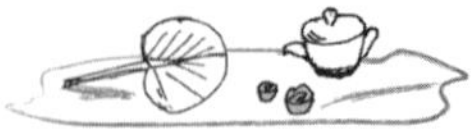

的反應會變得遲鈍。只有當心了無牽掛，才會物來影現，即刻反應。

我們坐在這裡，帶著一份沒有造作的心，不做什麼，不爲什麼，也不想什麼；沒有設定，沒有期待，也沒有執取。讓心像明鏡一樣，對花木，對雨聲，對周邊的一切徹底開放。在這樣的開放中，持續、穩定地保持覺知。

我們也可以在端起茶杯時，參一參——能吃茶的是誰？這個探究可以引導我們認識本心，也是趙州「吃茶去」的眞意所在。凡夫總在向外追逐，貪著色聲香味觸法，從未反觀自心，看看「喝茶的心是什麼」。

茶會本身就是一次禪修，藉由這些因緣，讓心恢復本來狀態，那是赤裸的、沒有包裝的心，是清淨圓滿、具足萬法的心。

我們帶著禪的見地和用心，來參加一期一會。時空無常變化，當下的這一念，亙古亙今，可謂一念萬年。

今天這個茶會，從下雨，到陽光微微露，淡淡照。天地的變化，本身就呈現了無常之美。當我們放下設定、期待和執著，下雨時，覺得雨天很潤；日照時，覺得陽光

很暖，這就是禪宗的「日日是好日」。

一旦有了設定，就無法活在當下，甚至無法接納現實，總是活在攀緣、追逐和依賴中，總要抓取什麼才覺得安全。在這樣的狀態下，坐著會覺得無所事事，很無聊。

事實上，無所事事本身是很好的狀態，說明心暫時沒有陷入某種執著，或是執著不深。這是擺脫能所的必經過程，也是站在外求和反觀的交岔路口。如果習慣性地想點什麼，做點什麼，心馬上會落入凡夫串習，進而建立依賴。當依賴得不到滿足，我們又會感到缺憾和不安全，在串習中順流而下。

此刻，我們要做的就是單純地坐著，和自己在一起，和天地萬物在一起。

心本身是具足一切的。當心安住在本來狀態，當下就是圓滿的，自在的，充滿歡喜，不會覺得缺少什麼。這種能力需要透過禪修，讓覺知力不斷增長，對外界的依賴就會隨之減少，生命也會越來越自在。

隨喜大家學會「傻坐」。

8

心月朗照，安住當下

—— 二〇二一年「中秋月光茶會」開示

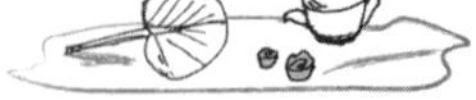

今天是中秋佳節，也是千家萬戶團圓的日子。我們相聚於此，一起喝茶，一起賞月，一起禪修，成就這場「中秋月光茶會」。說到茶會，給人感覺比較放鬆；說到禪修，又會認爲比較嚴肅。那麼，茶會怎麼和禪修統一起來？

禪修有不同內涵，有禪定的禪，也有禪宗的禪。前者重視形式，從調身、調息到調心都有一定之規，重點在於得定。而禪宗的禪是屬於一種慧，所以它超越一切形式，不限於座上，生活中同樣可以修習。打坐觀心是禪，穿衣吃飯、搬柴運水也是禪。

禪的本質就是我們內在覺醒、清明的心，關鍵是去體認這個心，所有形式只是助緣，屬於輔助條件。當然，打坐是很好的禪修方式，對開啓智慧不可或缺，但僅僅停留於此還不夠。我們看古代禪師的修行，不僅在座上，還在座下的行住坐臥、語默動靜中。把喝茶與禪修結合，就是古已有之的傳統。

此刻，我們以這樣的方式相聚，意義不同尋常。

問月幾何

「月到中秋分外明」。當我們看著今晚的月亮，會產生什麼樣的感受，引發什麼樣的情緒？

古往今來，有大量借月抒懷的詩文。「海上生明月，天涯共此時」，是表達對親人的思念；「人有悲歡離合，月有陰晴圓缺，此事古難全」，是描寫離愁別緒……這些傳誦千古的名句，至今仍會撥動人的心弦，引起人的共鳴。但要小心，此時正在進入凡夫心的系統。

此外，「明月幾時有，把酒問青天」，是透過追問，引發對永恆的思考：明月什麼時候有的？天地什麼時候有的？「江畔何人初見月，江月何年初照人？人生代代無窮已，江月年年只相似」，則是由月光帶來的遐思：人間生死無常，世事興衰變遷，可月亮始終那麼看著。一代代的輪迴更替，都不影響它到了初一十五，該下班就下班，該上班就上班。

這是世人由月亮引發的感懷和思考。那麼，佛法智慧又是怎麼認識月亮的？

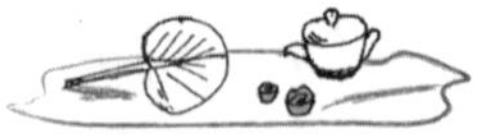

心月朗照

禪宗祖師常把菩提自性比作月光，「夫心月孤圓，光呑萬象」。月亮高掛空中，不需要任何立足點，同時可以朗照一切。我們的心月也是如此，它是超越根和塵的，即百丈禪師所謂的「靈光獨耀，迥脫根塵，體露眞常，不拘文字」。

今晚的天空很清澈，看不到一片雲彩。而當月光沒有升起時，四周一片漆黑，什麼都看不清，這是代表無明的狀態。人處在這樣的狀態，就會對心靈天空出現的念頭不知不覺，然後不知不覺地製造煩惱和業力，並在不知不覺中被煩惱和業力推著走。

但要知道，在無明的背後，那輪明月從未離去。即使被遮蔽，它本身還是不垢不淨、圓滿無缺的。當它顯現時，可以照遍山河大地，讓生命亮起來，讓天地亮起來。有首偈頌大家應該很熟悉：「菩薩清涼月，常遊畢竟空，眾生心垢淨，菩提影現中。」無雲的天空就是畢竟空，心不落入設定、執著及念頭的陷阱時，菩提自性就會朗然顯現。菩提導航第四階段所展現的覺性，就是一片無垠晴空，東方、西方、南方、北方、上方、下方都是無限的，沒有盡頭。

禪茶會上，大家都有一個杯子，上面寫了四個字，即「回歸本心」。這是提醒我們：透過賞月來認識自己的本心，像月光一樣澄澈、光明、皎潔的心。所以我們今天不僅要賞外在的月亮，更重要的是去認識心月，認識心性光明。心光和月光是一體的，月光照遍十方，心光同樣照遍十方。

天空會出現雲彩，遮住月光。但不論有多少雲彩，月光依然在那裡，只是暫時看不到而已。心靈天空也是同樣。如果能認識內在的心月，安住於此，即使起心動念，也不會給自己帶來困擾。如果不能體認心月，而是活在雲彩中，就會被念頭左右，遮蔽本心。

安住當下

認識到這個道理，就需要了解：怎麼喝茶，怎麼賞月，怎麼禪修？

正念禪修無非是兩大要領，一是專注力，一是覺察力。在泡茶過程中，我們要對投茶、注水、出湯的每個動作保持專注，此刻世間只有泡茶這一件事。喝茶也是同

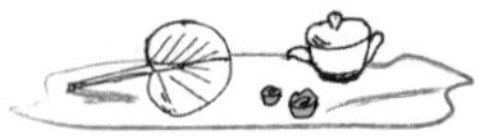

樣，從端起杯子，送到嘴邊，喝下茶湯，整個過程了了明知。同時對茶的味道和香氣清清楚楚，但不做任何評判。這比關注動作的難度更大，因爲我們會習慣性地被味道和香氣帶跑，引發貪著等情緒，或是一連串的相關聯想。如果出現這種情況，就可以把重點放在對動作的覺察，這是比較中性的。因爲我們是以喝茶爲禪修助緣，不是爲了品評茶的滋味，或尋找什麼感覺，否則就本末倒置了。

在此過程中，如果分心了，打妄想了，也不必自責，但要快速覺察到，然後把心帶回來，繼續安住當下即可，所謂「不怕念起，只怕覺遲」。空性有兩個特質，一是空，一是明。空，就是空曠無限，了不可得；明，就是了了明知，而不是像木頭那樣。

歇即菩提

除了正念喝茶，今晚要學習的另一種能力，是什麼都不做，什麼都不想。這絕非不知不覺，而是讓心恢復它的初始設置。

我們坐在這裡，感受月亮的光明向宇宙無限延伸，內心的光明也向法界無限延伸。這並不是說，我們在讓光明延伸。不論我們是否看見，月光都照耀天地，這是它本來具有的功能，並不需要我們做什麼。心也是同樣，當我們什麼都不做、什麼都不想的時候，心就能呈現本具的光明，就像未被遮蔽的月光。

對本心的體會不需要造作，也不需要做任何事。這對很多人來說並不容易，因爲我們一直都在做各種事，工作學習，吃喝玩樂，已形成做的串習。我經常說，現代人最大的問題是沒有休息能力，不能讓心靜下來，歇下來，就會很辛苦。包括我們學佛，要發菩提心，做種種利益眾生的事。如果在做的過程中缺乏覺察，也會形成習慣，停不下來。

如何在做事過程中保持一種超然、自在，做了和沒做一樣？需要去體會內心的無作無爲。此刻我們安住當下，單純地喝茶賞月，不做其他的事，同時去體會，這個什麼都不做、什麼都不想的，到底是什麼樣的心？

外在的不做什麼容易控制，但讓心不打妄想就不容易了，別人管不住，自己也管

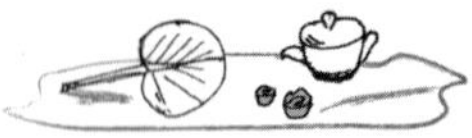

不住。其實禪修的重點不是壓制念頭，而是不刻意地想什麼，對於自然產生的念頭，不迎不拒，不貪不瞋，不取不捨，保持覺察即可。

沒有打妄想的時候，知道自己沒有打妄想，心如虛空般清澈。當念頭生起時，看到念頭的來去，不討厭，不拒絕，也不跟著跑，安住虛空而不著空相，所謂「長空不礙白雲飛」。即使被念頭帶著跑一陣，只要及時發現，就能把心帶回，繼續安住。

總之，對一切保持覺察，雲彩出現，知道雲彩出現了；雲彩消失，知道雲彩消失了。這個了了明知之心是我們本來具足的，也是禪修需要體認的。

9

重新認識素食

—— 二〇〇二年秋講於靜心圖書館

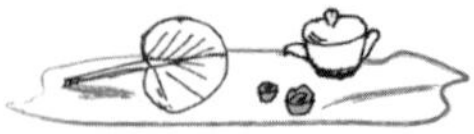

素食專案提出三個月來，專案組特別用心，展開多輪研究討論，我也和大家見過幾次。今天的論壇中，聚集很多長期從事素食行業的大廚，還有推廣素食的專業人士。如果能把這件事做好，可以讓更多人吃素，讓更多眾生免遭殺戮，所以這次的交流很有意義。

近幾十年來，中國大陸開起了不同等級的素菜館，但大多做得頗爲辛苦，甚至舉步維艱，似乎都是爲了一股熱情而投入。難道素食在中國眞的沒有消費者嗎？不能成爲正常的經營項目嗎？我們可以看到，在起步較早的港臺地區，素食已深受大眾歡迎。我過去到臺灣，聽說臺灣有兩千多家素菜館，香港也是隨處可見，且每家素菜館的菜色琳琅滿目，賓客爆滿。

爲什麼素食難以在大陸普及？究其原因，應該是大家對素食存在誤解。比如覺得素食沒什麼可吃，覺得素食營養不足，覺得吃素者都是出於信仰，等等。當然大城市會好一點，在上海、北京、廣州、深圳、廈門等地，素菜館相對較多，也做得比較成功。可見，這和社會的開放程度有一定關係。

長期以來，中國社會處在經濟發展過程中。在貧苦的年代，三餐無非吃些蔬菜，沒什麼機會吃肉。在人們的印象中，肉才是有營養的高級食品。所以經濟條件改善之後，自然把肉食當作首選。還有些人把吃素和信仰綁在一起，覺得吃素是佛教徒的專利，與他人無關。這些觀念使得素菜館難以被大眾接受，也難以形成一定的規模。

在這樣的背景下，我們該如何推廣素食？

素食的意義

首先是觀念的轉變，一方面要消除大眾對素食的誤解，一方面要讓大家看到素食的意義，主要體現在以下幾方面。

素食與健康

現在很多人富起來了，想吃什麼就吃什麼，想喝什麼就喝什麼，以爲這是給身體注入很多營養，結果卻引發了各種健康問題。近幾十年來，中國的糖尿病等慢性病患

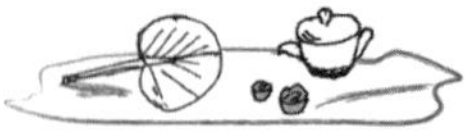

者數量激增，居高不下，不僅爲醫療系統製造沉重的負擔，也給病人和家庭帶來無盡的痛苦。

古人有句話說「病從口入」，過去，我們只是將此理解爲不乾淨的食物。其實從廣義上說，一切不適宜自身的食物，都是直接的致病因素。什麼才是有益健康的食物？如何揭示素食與健康的關係呢？

我們要推廣素食，必須建立科學的素食觀，而不是簡單地把素食和健康畫上等號。事實上，很多素食者並不注重營養均衡，吃得也不健康，未必有說服力。所以我們除了要加強學習佛教法義，還要關注各領域的最新研究成果，全面了解素食對健康的正向價值，以及葷食的負面作用。理論、數據和實例相結合，才會使人心悅誠服地接受素食。

素食與環保

素食對環保的意義也是當今世界關注的重點。許多數據顯示，發展畜牧業會消耗大量水資源和農作物，造成水源緊張、糧食供應不足。其結果，就是將森林等自然資源發展爲農田，進一步加劇生態失衡。此外，動物排放會汙染水源和空氣，產生驚人的碳排放。有關這方面的研究資料很多，充分說明素食對環境是最友好的。可以說，吃素本身就是在力行環保，是成爲低碳達人的首選。

素食與時尚

爲什麼要讓素食和時尚產生關聯？這點對年輕人尤其重要。因爲他們還不到關心健康的年齡，對環保也未必有多少感覺，但熱中追逐潮流。推廣素食如果走傳統路線，年輕人可能覺得這是上一代的食物和品味，缺乏興趣。怎樣才能吸引他們？需要將素食和餐廳打造成一種時尚，不僅讓大家吃到可口的食物，還能感受到食物所承載的精神內涵，及其空間所營造的文化氛圍。

現在有不少咖啡館和餐廳成了年輕人必去的打卡地點，走的正是時尚路線。很多產品找明星代言，也因爲他們是時尚的象徵。從受眾來看，年輕人的心態更開放，更

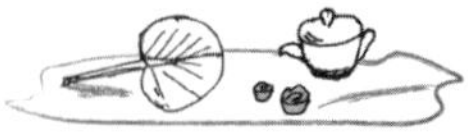

願意嘗試新事物，也更容易接受不同的飲食習慣。所以我們要多方探索，讓素食成爲大家喜聞樂見的新時尚。

素食與慈悲

從佛法修行來說，素食是慈悲的飲食，是對生命的尊重和愛護。我小時候，常在早上四五點聽到有人家裡殺豬，叫聲極其悲慘。儒家說：「君子之於禽獸也，見其生，不忍見其死；聞其聲，不忍食其肉。是以君子遠庖廚也。」但不見不聞就能解決問題嗎？事實上，只要把其他生命當作食物，就必然會造成殺戮，是不慈悲的表現。

更進一步，又會從不愛護動物擴大爲不尊重人類，是造成衝突乃至戰爭的根源。佛教有首爲人熟知的偈頌：「千百年來碗裡羹，怨深似海恨難平，欲知世上刀兵劫，但聽屠門夜半聲。」碗中的那些肉，不只是食物，更是無量眾生的怨與恨。所以素食才是慈悲的飲食，和平的飲食。如果我們對動物心懷慈悲，自然會對身邊的每個人充滿慈悲。當我們彼此都能以慈悲相待，其樂融融，世界就會和平穩定。

以上幾點，也是世界可持續發展的關鍵所在。現代人因爲飲食和生活習慣的不健康，帶來抑鬱、焦慮等心理問題，還造成資源過度開發、環境汙染等生態問題，甚至引發持續不斷的國際衝突。如果從健康、環保的角度切入，讓靜心慢生活成爲人人嚮往的時尚，成爲修習慈心的助緣，就能從根本上解決問題。我們所說的這些，不是簡單的口號，還要有充分的理論和數據支持。這樣才能讓大家確定，吃素不僅是一種個人的飲食習慣，還是於眾生、於世界有莫大利益的選擇。

素食的五大要素

理想素食的五大要素，一是自然食材，注重原料選擇；二是營養均衡，完善食物結構；三是慈心烹調，以良好的發心製作；四是靜心擺盤，以正確的用心出品；五是正念爲食，讓吃飯成爲修行。

根據這幾點，每個組從不同角度作了分享，提供了眾多菜品，是我們未來製作「靜心菜譜」的素材。現在關於素食的菜譜很多，從實體書到公眾號（編按：指微信公眾號，類似臉書的粉絲專頁，用以傳播品牌文化和企業資訊）都有，蒸煮煎炸，花樣繁多。我們也可以學習並吸收其中的長處，但前提是圍繞五大要素。因爲其他菜譜往往側重製作，缺乏指導思想，而五大要素才是「靜心菜譜」的特色和高度所在。

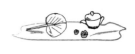

自然食材

選擇自然食材，不僅要關注食材本身，還要關注它的來源，包括食材的種植和生產。近年來，媒體曝光很多違規製作食品的黑心廠家，讓消費者特別擔心，不知自己吃的食物中到底有些什麼，會給健康帶來什麼隱患。一方面，食物造成的危害往往是不可逆的；另一方面，食物包含的有害成分往往是難以辨別的。怎樣才能保障食品安全？必須從源頭抓起，包括蔬菜的種植，醬油、醋等調味料的加工，香菇、木耳、腐竹等山珍和各類半成品的生產製作。希望未來有人發心去做素食的食材，我們吃的就由這些地方供應。當然也不是所有的食材都得自己做，還可以尋找靠得住的供應商，確保食材是自然且有益健康的。

營養均衡

說到營養，不少學佛者覺得身體是個臭皮囊，隨便吃點東西就行，無須講究。好在過去的人內心清淨，修行得力，這麼做問題也不大。但現代人工作那麼忙，那麼辛苦，如果營養長期跟不上，就會影響健康，不僅給自身的修行和生活造成障礙，也會使大眾對素食甚至學佛產生負面印象。所以素食種類的多樣性很重要，既要保證營養均衡，也要兼顧口味需求。

這麼一來就需要專業的營養師提供支援，根據人體所需安排膳食，確保每天攝入基本所需的維生素、礦物質和微量元素。此外，還可針對常見的現代疾病，如三高、腫瘤、心血管疾病等，製作與提供食物。中國歷來有「藥補不如食補」的傳統，現代研究也認爲食物是最好的藥。了解食物特性，就可以在滿足常規營養的基礎上，結合不同人的身體狀況，從日常生活著手預防。就像艾灸，有幾個通用的養生穴，也有針對不同疾病的治病穴位。

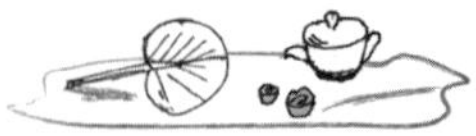

慈心烹調

在烹調素食的過程中，我們要帶著慈心和利他心，希望每個吃到食物的人都能健康、幸福，最終走向覺醒，成就佛道。基於這樣的發心，就能讓做菜成爲慈心的修行。願心看似無形，其實大有力量。現代量子力學告訴我們，物質以什麼方式存在是不確定的，經由人的認識才被確定，可見意念對物質的存在有很大影響。這也是唯識講的，我們認識的世界沒有離開我們的認識。從這個意義上說，帶著一份慈心烹調，就能讓這份食物散發慈心。受用者也會感受到這份慈心，甚至能增長慈心。

慈心不僅體現於發心，還體現於烹調過程中的用心。比如合理搭配食材，採用符合食物本味的烹調方式，適度使用調味料增鮮提香。傳統素食往往爲了迎合口腹之欲，彌補食材的清淡，一味多油、多鹽、多糖。有些仿葷半成品更是大量使用添加劑，反而讓素食成了健康殺手，這是極大的誤區。好在目前大家已逐步認識到其中危害，也在嘗試調整。

還要注意的是，怎麼在注重健康的前提下，把菜做得吸引人。對很多人來說，好吃才是硬道理。如果只想著健康飲食，不考慮口味，是難以讓大眾接受的。佛教強調中道，製作素食也是同樣，需要把健康和美味整合起來，而不是偏執一端。

靜心擺盤

擺盤是正念修行的過程，做素食要帶著正念和利他心來做，借助這些呈現，讓素食展現不俗的品味，讓大家不僅從味道上，也從視覺、感受等方面愛上吃素。就像一把青菜在路邊攤賣三塊錢人民幣，到五星級飯店賣幾十塊，再高檔點，可能升級爲上百塊。從菜的味道來說，差別未必有那麼大，但後者還包含了從器具、擺盤到環境、服務等一連串附加價值，以此滿足顧客在不同層次的需求。

從推廣素食來說，我們也要兼顧這一點。但我們這麼做並不是爲了賣得更貴，而是呈現素食的多樣化和可能性。讓大家知道，素食並不是簡單地吃幾個蔬菜，同樣可以在色、香、味、形各方面做到極致，豐儉由人，各取所需。

靜心，還體現在清淨的禪意氛圍。如果用餐場所很安靜，來此享用食物的人也會

感到安靜。就像大家進入別院打造的環境中，心很容易靜下來。在喧鬧的現代社會，安靜是極爲難得的體驗。所以第四點不僅在擺盤，還要營造一個場。現代企業講究人貨場（編按：組成零售銷售行爲的三個基本要素，即消費者、商品和場地），希望未來的素菜館都能成爲都市人的心靈家園，幫助他們安身養心。如果做到這樣，就會產生黏性，讓人們願意一來再來。反之，僅僅是吃東西，其實在哪裡都能吃，但場的調性是難以複製且不可替代的。

正念為食

我們現在倡導的靜茶七式，讓泡茶到喝茶都成爲禪修。禪是一種生活智慧，不僅體現於茶，還體現於生活中的吃飯、穿衣、待人接物。我們齋堂裡掛的「正念爲食」，就是提醒大家，要帶著覺知，專注當下，讓吃飯成爲修行。

以上，是我們未來推廣素食的五大要素，依此去打造「靜心素食」，建設相關產業。其中涉及食材生產、營養搭配、烹調擺盤、空間打造等方方面面，需要大家深入研究討論，也需要專業人士的言傳身教。吃飯是生活中的大事，吃得健康，吃得歡喜，是每個人的剛需（編按：剛性需求是相對於彈性需求而言，指商品供求關係中受價格影響較小的需求，此處的意思是必需）。以此爲切入點，可以引導人們建立健康生活，擁有健康的身心，同時成爲走向覺醒的方便。讓這些要素像靜茶七式那樣，成爲靜心慢生活的重要組成。

靜食六式

靜食六式中，一是用心備菜，二是慈心烹調，三是靜心擺盤，四是正念爲食，五是感恩離座，六是本來空。其中有三式，和素食五大要素相同。不同之處在於，靜食六式包含了準備、烹調到吃飯的完整過程，更側重正念在日常飲食中的運用。

第一是用心備菜，重點落實爲慈心和正念。首先以慈心爲基礎，然後帶著利他心、恭敬心、供養心、歡喜心去做。希望我們準備的菜品能爲他人帶去利益，讓他們的身心得到滋養。其次要帶著正念，在備菜過程中專注當下，保持覺知。這樣的話，

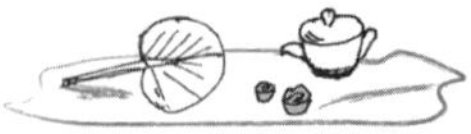

備菜既是慈心的修行，又是正念的修行。

第二慈心烹調和第三靜心擺盤，與前面所說的用心一樣。首先是生起慈心，然後帶著利他心、恭敬心、供養心、歡喜心去做。

第四是正念爲食。首先，帶著什麼樣的發心而吃，佛教的食存五觀就是提醒我們：到底爲什麼而吃？爲了貪瞋癡而吃，還是爲了覺醒解脫？我們要借助這個色身成就道業，所以透過吃飯來滋養它，目的是爲了覺醒解脫，利益眾生，而不是爲了滿足貪瞋癡。其次，在進食過程中保有正念，「防心離過，貪等爲宗」（編按：不要眷戀食物的美味，慎防貪心爲要），學會帶著正念去吃。

第五是感恩離座。吃完後，帶著深深的感恩心，感恩生產食物的農民、工人及所有相關人員。我們吃到的每一份食物，背後都有無數人的辛勤勞動，沒有他們的付出，我們怎麼能吃到這些食物呢？所以帶著感恩心離座。

第六是本來空。空是提醒我們不執著，以平常心受用食物，吃到合口味的不貪著，吃到不合口味的不抱怨。事實上，食物是特別容易引發貪瞋的對境。由於我們已經習慣對食物心生分別，所以必須特別關注，以免自己在不知不覺中落入串習。

素食五大要素是我們編寫食譜、營造空間的指導思想，而靜食六式的重點在日常運用，從備菜、烹調、擺盤到吃飯，有較爲完整的呈現。未來我們可以像靜茶七式那樣大力推廣，將修行眞正落實到生活中。

從素食到素生活的認識

我們不僅要倡導素食，還要倡導素生活的理念。可以說，素生活就是素食的延伸。有了素生活，素食才能得到更有效的推廣。佛教說，素食有三德六味。根據現代人的特點，我們總結出素食五德，即自然、樸素、健康、靜心、和諧的精神內涵。

第一是自然，選擇自然而非過度加工的食物。

第二是樸素，返璞歸眞，建立簡樸而非奢華的生活方式。

第三是健康，包括身體、心理和生態環境的健康，讓人們擁有健康的身心，讓世界擁有健康的生態。

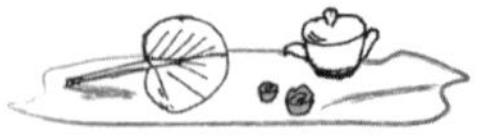

第四是靜心，現代人往往身心焦躁，透過素食和素生活，可以幫助人們以飲食安身，以修行安心。

第五是和諧，從個人身與心的和諧，到人與人的和諧，再到人與環境的和諧。這就需要從素食出發，進一步推廣素生活，從空間打造、器物選擇、氛圍營造等方面，建立相應的生活方式。未來，我們要將此形成標準，在國內外推廣倡導，使之成爲人人嚮往的新生活，這對人類身心健康和地球持續發展意義重大。只要立足於此，素食就會成爲人們必然的選擇。因爲我們不僅是爲了自己吃素，也是爲了眾生吃素，爲了子孫後代吃素。

素食的傳播

怎麼在現代社會傳播素食，這是我們面臨的重要課題，所以需要有一批人投入精力、財力、物力去做。其中不僅要有做素食的大廚，還要有空間設計、生活美學等相關從業者，爲倡導素生活提供全方位的服務和指導。

參與者要對這種生活方式充滿信心，相信在後疫情時代，素食和素生活將成爲人們的心之所向，引領未來潮流。建立這種認知，認識這份倡導的意義後，還要投身其中，做出一批示範空間，作爲素生活體驗館。當大家身處禪意空間，感到吃飯可以滿足身體和精神的雙重需要，還會不來嗎？

我們的人文空間，也可以成爲落實素生活的道場。進到這裡，不只是讀讀書，還可以品嘗健康食品。再結合靜茶七式、禪修體驗，可以滿足人們不同層面的需求，全方位地安頓身心。

立足於此，我們還要形成一定的品牌效應。爲什麼麥當勞、肯德基能把雞腿、薯條賣到全世界？就是形成一套標準化、模式化的操作，店家知道自己在做什麼，顧客知道自己能買到什麼。所以我們也要依五大要素形成素食標準，保證出品品質，讓人吃得安心。現代人習慣點外賣，未來如果有人爲這些群體提供素食簡餐，應該也有很大的市場。

以此爲基礎，還可以進一步透過公眾號、線上直播等現代媒體，倡導這種新生

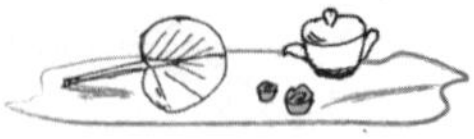

活。我們有了思想高度，有了理論指導，如果還有好的內容，系統性地推廣傳播，就能自利利他，造福社會。

10

素食，不僅是素食

── 二〇一一年講於廈門國際素食論壇

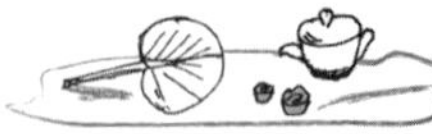

說到素食，和佛教的關係非常密切。在中國，傳統的素食者多半是出於信仰而做出這個選擇。中國佛教協會曾對僧人有過生活上的要求，即「素食、獨身、僧裝」，從中可以看出漢傳佛教對素食的重視程度。但在南傳和藏傳佛教中，卻沒有相關規定。這是爲什麼呢？因爲南傳繼承原始佛教的傳統，托缽乞食，施主們給什麼就吃什麼，對飲食沒有特別禁忌。至於藏傳，雖和漢傳同屬大乘佛教，理應素食，但藏地氣候寒冷，少有蔬菜，所以也沒有形成素食的習慣。

到了今天，隨著三大語系佛教相互交流的深入，隨著交通和生活條件的大大改善，有不少南傳和藏傳的大德們也開始提倡素食。因爲素食不僅代表一種飲食習慣，更是源自佛教慈悲精神的一種修行。所以，素食雖是漢傳佛教特有的生活方式，但它的影響正在不斷擴大。

同時，隨著人們對動物保護和環境保護意識的增強，以及對健康、營養等問題的重新認識，還有不少人因爲宗教以外的原因選擇素食，其中不乏文體（編按：指文化娛樂圈和體育界）明星和各界知名人士。可以說，素食正在成爲一種全球化的流行趨勢。

素食的產生

雖然素食是漢傳佛教特有的傳統，但這一選擇並非別出心裁，而是以大乘經教爲依據的。佛教在西漢哀帝時傳入中國，當時來華的印度僧人並未嚴格吃素，漢地自然也沒有素食之風。直到南朝梁武帝時期，經過他的大力倡導，素食才成爲僧人必須遵循的行爲規範。

梁武帝是一位虔誠的佛教徒，精通教義，經常搭上縵衣爲王公大臣們說法，甚至幾度入寺，捨身爲奴。國不可一日無君，所以朝廷只能以重金將皇帝贖回，僧團因此積累了大量財富，廣修道場。「南朝四百八十寺，多少樓臺煙雨中」，就是這一時期的寫照。

梁武帝在研讀經典過程中發現，大乘經典明確提出，佛子應斷除肉食。如佛陀在《涅槃經》中說：「善男子，從今日始，不聽聲聞弟子食肉。若受檀越信施之時，應觀是食如子肉想。」爲什麼要這樣做呢？佛陀接著告訴我們：「夫食肉者，斷大慈種……其食肉者，若行、若住、若坐、若臥，一切眾生聞其肉氣，悉生恐怖。譬如有人近獅

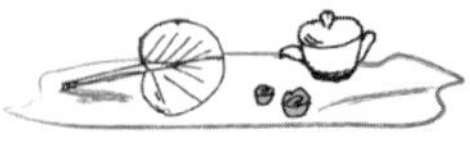

子已，眾人見之，聞獅子臭，亦生恐怖。」身爲大乘佛子，在成就智慧的同時，還要成就慈悲。而食肉會令眾生心生恐懼，不敢接近，有違慈悲的修行。

而在《楞伽經》中，佛陀也告訴我們：「夫食肉者，有無量過，諸菩薩摩訶薩修大慈悲，不得食肉。」接著，佛陀進一步闡述了肉食的過患和素食的功德：「貪著肉味，更相殺害，遠離賢聖，受生死苦。捨肉味者，聞正法味，於菩薩地如實修行，速得阿耨多羅三藐三菩提。」

此外，本生故事還記載了許多佛陀在因地爲救助眾生不惜捨身的壯舉，比如我們熟悉的割肉餵鷹、捨身飼虎等。身爲大乘學子，我們要聞佛所言，學佛所行，如果做不到捨己救人，反而爲貪口腹之欲以眾生爲食，不覺得太慚愧了嗎？

除了經典依據，《梵網經菩薩戒本》明確規定：「若佛子故食肉，一切眾生肉不得食。夫肉食者，斷大慈悲佛性種子，一切眾生見而捨去。是故一切菩薩，不得食一切眾生肉，食肉得無量罪，若故食者，犯輕垢罪。」禁止肉食的原因就在於，吃眾生肉會影響慈悲的修行，令眾生對你心懷恐懼。菩薩要攝受眾生，令眾生歡喜，令眾生樂於親近，如果使他們感到恐懼之心，就不能與之廣結善緣，進一步度化他們。是以，梁武帝根據這些大乘經律撰寫了《斷酒肉文》，勸勉四眾弟子勿飲酒食肉，並明令出家眾必須戒除酒肉：「若食肉者，障菩提心，無菩薩法，無四無量心，無大慈大悲。以是因緣，佛子不續。」

由於梁武帝的大力倡導，漢傳佛教開始形成了素食的傳統，並延續至今。

素食和聲聞乘佛教的關係

佛教有聲聞乘和菩薩乘之分，亦稱小乘和大乘。爲什麼會有大小之別？其實，兩者都是以解脫爲目標，即解脫生命內在的無明、迷惑和煩惱。區別只是在於，是追求個人解脫還是帶領一切眾生走向解脫。如果你的目標只是希望個人解脫，那是聲聞乘的發心，是爲小；如果你的目標不僅在於個人解脫，也希望帶領一切眾生走向解脫，那是菩薩乘的發心，是爲大。

根據不同的發心，又形成相應的戒律。聲聞戒主要偏向止惡，比如五戒，爲不殺生、不偷盜、不邪淫、不妄語、不飲酒。每條戒相之前都有一個「不」字，告訴我們不可以做什麼。五戒如此，八戒、沙彌戒和比丘戒同樣如此。其重點在於對惡的否定，要我們積極阻止自身的不善行爲，亦稱止持，透過止息某種行爲來持戒。

五戒中的前四條爲性戒，即行爲本身就是不善的，是需要禁止的，這也是出家戒的四條根本重罪。可見，不殺生是聲聞戒的重要內容。或許有人會感到疑惑，前面不是說過南傳佛教不禁肉食嗎？須知這是有前提的，唯有三淨肉才允許吃。

所謂三淨肉，即不見、不聞、不疑。不見，就是沒有親眼看到這個動物爲你殺；不聞，就是沒有聽到這個動物爲你殺；第三，沒有任何跡象顯示這個動物是爲你而殺。具備這三個條件，屬於可食用的淨肉。反之，就涉及殺生範疇，是不能食用的。

雖然聲聞戒允許吃三淨肉，但事實上，只要有人消費，就會出現相關從業人員，就會有動物因此遭到殺戮。雖然不是直接爲你而殺，也是間接爲你而殺，追溯起來，你還是難辭其咎。如果對肉食消費得少，乃至完全不消費，從業者自然隨之減少，很多動物就可以擺脫被屠宰、割截的厄運。

當然，在傳統乞食制度下，幾乎沒什麼選擇空間，所以不禁肉食是可以理解的。但我們要知道，如果有條件吃素，才是究竟的不殺生，更能體現佛教的慈悲精神。

素食和大乘佛教的關係

漢傳佛教屬於大乘，但從目前來看，並未彰顯大乘積極利他的精神，反而予大眾消極、出世的印象。大多數佛教徒關心的都是自己，念佛人想趕快往生極樂，修禪者想趕快了脫生死，很少想著如何讓更多的人走向解脫。所以說，社會對佛教的誤解並非空穴來風，有很大程度和我們自身的所作所爲有關。

原因何在？就是因爲我們對大乘不共聲聞的精神認識不足，實踐不足。這個不共的精神，就是菩提心。身爲大乘佛子，我們要不斷告誡自己：不僅自己要走向覺醒，也要幫助一切眾生走向覺醒，以此做爲盡未來際的生命目標。唯有建立起這樣的願望，才是菩薩行者。否則，不論學了多少大乘經典，都不能算合格的大乘佛子。如果說皈依三寶代表我們對信仰的選擇，那麼發菩提心就標示我們已躋身大乘行列。

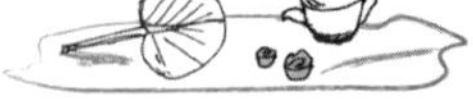

在漢傳佛教地區，不少人熱中於受菩薩戒，但往往只是淪爲一種走過場的形式。這些人不知道，菩薩戒的關鍵是菩提心，如果不曾發起菩提心，這種所謂的「菩薩」是不合格的，是有名無實的。而在發起菩提心之後，還要進一步受持菩薩戒，遵循菩薩的行爲準則。所以，受菩薩戒不是意味著我們有了更高的「級別」，而是意味著我們對自己有了更高的要求。

菩薩戒和聲聞戒的不同在於，聲聞戒偏向止惡，而菩薩戒包括止惡、行善、利益眾生三個方面，分別爲攝律儀戒、攝善法戒、饒益有情戒。也就是說，身爲菩薩的行者，不止惡是犯戒的，不行善是犯戒的，有機會幫助眾生卻不聞不問也是犯戒的。

爲什麼呢？因爲菩提心代表著崇高的利他主義願望，也代表著覺醒的心。我們知道，成佛是成就生命的覺醒。發菩提心，就是以佛陀爲目標，發願成爲像佛陀那樣的覺悟者。那麼，成爲覺悟者和利益眾生到底有什麼關係呢？凡夫處處以自我爲中心，反而會因此陷入我執，迷失自己。當我們將生命重心從自己轉向他人，就能由此弱化我執，明心見性。所以，利他不僅能成就慈悲，也能成就內在的覺醒。

在大乘佛教中，任何一個法門都離不開菩提心，離不開慈悲的修行，而素食正是一種慈悲的修行。只要做出這個選擇，不必多花時間，就可以日日修、月月修、年年修。儒家說：「己所不欲，勿施於人。」每個人都渴望生存而害怕死亡，既然自己會感到害怕，就要將心比心，不再把這種恐懼帶給其他眾生，而是給他們以關懷，以慈悲。

所謂慈悲，慈是予樂，悲是拔苦。一方面是創造條件，使眾生獲得快樂；另一方面是施以援手，將眾生從痛苦深淵中拯救出來。從發起菩提心的那一刻起，我們就要堅持不懈地拔苦與樂，最終成就佛菩薩那樣的大慈大悲。

這種大是有標準的，那就是對任何眾生都能生起平等無別的慈悲。如果還有一個眾生是你不願慈悲的，就說明慈悲的修行尚未圓滿。如何將我們現前充滿分別而微不足道的慈悲擴大到無限？佛教中有四無量心的修行，就是將「慈悲喜捨」四種心逐漸擴大至無量，具體內容是：「願一切眾生永具安樂及安樂因（慈），願一切眾生遠離眾苦及眾苦因（悲），願一切眾生永具無苦之樂、身心愉悅（喜），願一切眾生遠離

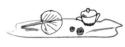

貪瞋之心、住平等捨（捨）。」

如果覺得四無量心的修習不夠具體，可以多聽聽南傳佛教的《慈經》。在聽的過程中隨文入觀，把經中所說的每句話變成自己的願望：願我遠離痛苦，願我的父母遠離痛苦，願我的朋友遠離痛苦，乃至願天下所有的人遠離痛苦。這種思維需要不斷重複、不斷熏習，每天這樣告誡自己，慈悲的力量就會隨之增長。

在佛教中，慈悲心是菩提心的生起之因。有了慈悲心，才會眞誠地利益大眾。反過來，菩提心又是慈悲心的圓滿之因，有了菩提心，才能使有限的慈悲擴大爲無限。《普賢行願品》說：「一切眾生而爲樹根，諸佛菩薩而爲華果，以大悲水饒益眾生，則能成就諸佛菩薩智慧華果。」告訴我們：佛菩薩所成就的菩提之果，離不開眾生這個土壤。唯有在利益眾生的過程中，慈悲心才能不斷成就，乃至圓滿。而從世間法來說，慈悲心增長了，福報就會增加，事業就會順利，眾生就會越來越歡喜我們。所以說，慈悲心是人生最大的財富。

大乘佛教之所以禁止肉食，就是因爲重視慈悲的修行。不僅自己要走向解脫，還要和一切眾生廣結善緣。如果傷害眾生，以眾生為食，何以度化他們？所以素食和大乘精神是完全吻合的，是培養慈悲的直接途徑，也是對大乘精神的切身實踐。

推廣素食的意義

素食的目的，是為了幫助我們戒除殺心和瞋心。佛教有一部《十善業道經》，其中講到戒殺的十大利益：「若離殺生，即得成就十離惱法。何等為十？一、於諸眾生普施無畏；二、常於眾生起大慈心；三、永斷一切瞋恚習氣；四、身常無病；五、壽命長遠；六、恆為非人之所守護；七、常無惡夢，寢覺快樂；八、滅除怨結，眾怨自解；九、無惡道怖；十、命終生天。是為十。若能迴向阿耨多羅三藐三菩提者，後成佛時，得佛隨心自在壽命。」

首先，一個沒有殺心的人，任何人都不會害怕你，這是對眾生普遍給予無畏施；第二，有利於慈悲心的生起，因為不忍，所以不殺，內心常懷柔軟；第三，可以永遠消除內在的仇恨心理，所謂仁者無敵，當世間再也沒有人與你為敵，又需要去恨誰、

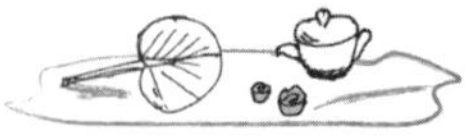

惱誰呢；第四，使我們身體健康，遠離病痛，因爲除四大不調之外，很多疾病都和我們傷害眾生而感得的惡業有關；第五，因爲你沒有使眾生早早夭折，所以能感得長壽的果報；第六，不論走到哪裡，都有很多護法在保護你；第七，因爲不傷害眾生，所以也不用擔心被傷害，不會被惡夢糾纏；第八，不結冤仇，即使以往結下的冤仇也會因此化解；第九，不必擔心將來墮落惡道；第十，命終之後，可以因這一善業得生天道。

這十大利益包括生理健康和心理健康兩方面。健康，是現代人最關心的熱點（編按：受到眾人關注和歡迎的事物和問題）。我曾接受一個以健康爲主題的採訪，當時講過一句話：「身體健康是人生最大的財富，修心養性是人生最有價值的工作。」現代社會的物質條件有了極大改善，但國人的幸福感卻普遍不高。除此之外，心理疾病患者正在日益增多。根源何在？我覺得，主要和人們的生活方式有關。

科技的發達，商業的繁榮，爲我們帶來一種貌似豐富、實則混亂的生活。我們每天都要面對無數選擇，經受種種誘惑，所以多數人都是活在一種躁動和混亂之中，無法自我控制。現代人其實挺可憐，很多人甚至喪失了休息的能力，每天不停地忙碌，忙著工作，忙著家庭，忙著娛樂。這種忙碌已形成強大的串習，根本就無法讓自己靜下來。而且，這種生活方式多是以犧牲身心健康爲代價。這種代價是如此沉重，往往在我們發現時已經覆水難收了。

這種生活不僅使我們的身心混亂不堪，也使生態環境受到毀滅性的破壞。我們今天講環保，不是種幾棵樹或是做一場宣傳就能解決問題的。關鍵在於，我們的生活方式就與環保背道而馳。如果不改變這種現狀，所謂的環保，只是亡羊補牢式的被動追趕，根本無法遏止環境的繼續惡化。

很多時候，我們嘴上雖在說著環保，但依然過著極不環保的生活。這種生活正是構成身心疲憊和環境惡化的關鍵所在。說到這個問題，使我想到佛教的戒律。爲什麼修行要從持戒開始？就是幫助我們建立一種健康而有益身心的生活方式，使我們擁有寧靜平和的心態，然後就能進一步修定發慧。修行如此，生活也是如此。有了健康的生活方式，才會有健康的身心，才不會對環境構成太大破壞。

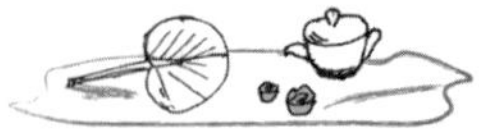

素食，就是一種健康的生活方式。在中國，民眾對素食有種種的誤解和偏見，總以爲吃素會導致營養不良，或以爲吃素是生活窘迫的無奈選擇，諸如此類，這些觀念嚴重阻礙素食的推廣。其實，近代的種種研究顯示，不論從人體的生理結構，還是蔬果的營養成分來看，素食遠比肉食更適合人類，更有益身心健康。相關資料網路上有很多，不在此一一細說。

而從環保的角度來說，素食也是拯救環境危機的不二選擇。許多研究顯示，養殖業的大規模發展，正是導致氣候變暖的最大元凶。造成全球溫室效應的氣體排放，有兩成來自養殖業，超過全球所有交通工具的排放量。同時，養殖業還消耗大量的土地和水資源。只要查閱一下相關數據，相信大家都會感到震驚。如果不加以改變，我們每天的生活就是在破壞地球，就是在讓世界末日提前到來。

所以說，素食不僅有助於自己的身心健康，也有利於全球的環境保護，是一種文明、健康、時尚的生活方式。事實上，這種生活方式正逐漸成爲更多有識之士的理性選擇。

開素菜館的輔助條件

怎樣才能開好一家素菜館？

首先，要有正確的發心，不要簡單把它當作一個提供素食的地方，要發心讓更多的人因爲走進素菜館而有所收穫。素食是在長養慈悲之因，如果有人因此對眾生心生慈悲，對未來人生將大有利益。此外，素食代表健康、環保的飲食，推廣素食就是在推廣健康，推廣環保。以這樣的發心去做，自然會得到大眾的擁護，雙方共同受益。

其次，營造祥和的氛圍。作爲素菜館的員工，應該有不同於一般工作人員的精神面貌。可以讓他們學習一些佛教禮儀，同時增加一些佛教方面的修行。不少餐館都有早會，素菜館的早會可以讓員工聚在一起聽聽《慈經》，念念五戒和四無量心，培養調柔寧靜的心性，慈悲祥和的氣質，讓顧客到餐館用餐之後感受到與眾不同的氣息。

第三，把素菜館當作傳播佛教文化的場所，可以設立閱覽區，提供一些通俗易懂的法寶，供消費者閱覽或結緣。除正常營業時間外，還可以適當開放閱覽，既能與人方便，又能增加素菜館的人氣。從另一個角度來說，如果有更多的人認同佛教，就會

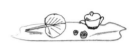

有更多的人戒殺吃素，可以增加潛在的客戶群。

第四，重視素食的宣傳。編印一些關於素食利益的小冊子，圖文並茂，讓更多的人認識到：爲什麼要吃素，吃素有哪些好處，怎樣吃素才能吃得健康、吃出美味。只要以大眾喜聞樂見的形式呈現，就能起到潤物細無聲的作用。一個人只有在觀念上接受了素食，才樂意經常走進素菜館，而不是偶爾體驗一下。

第五，組織一些環保和慈善方面的活動。素食者多半有愛心，比較關心公益，藉素菜館舉辦相關活動，一方面可以利益大眾，另一方面可以擴大素菜館的影響，增加自身的凝聚力。

第六，條件成熟時可以定期舉辦一些讀書會，或關於佛學及文化、藝術、養身方面的講座，形成一個固定的群體。

如果把這幾方面做好，那就不只是在提供飲食，而是在推廣一種文化，推廣一種健康生活的理念。以這樣的發心開素菜館，和單純爲利益而做是完全不同的兩個概念。從另一個角度來說，只要有這份眞誠利他的心，一定會得到大家的認同，得到更多的護持。

如何經營素食

當然，僅有發心還不夠，因爲人們來素菜館畢竟是爲了吃飯，所以還要在空間布置和食物品質上下足功夫。我也提供幾點個人想法，供大家參考。

第一，注重空間的營造，有禪意而不必太宗教化，否則可能會把佛教徒以外的人拒之門外。所謂禪意空間，就是能傳達一種寧靜、空靈的氣息，使顧客在吃素的同時，得到精神的享受。現代人越來越講究品味，吃飯更注重的是感覺，至於吃什麼反倒退居其次。如果有一個令人留戀的空間，將成爲人們選擇這家餐廳的重要因素。這就是佛教所說的「觸食」，一種使身心感到愉悅的「食物」。

第二，注重食品的健康。在中國，食品安全是個人人關心的大問題。很多時候，我們不知道所吃的食物包含多少有害物質。開素菜館應該盡量提供綠色食品。讓大家相信，在這裡所吃到的，既有益健康，又絕對安全。建立起這個信譽，將成爲素菜館

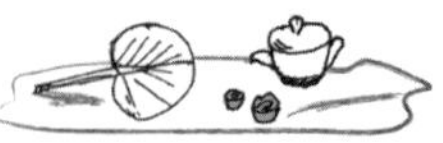

的一個亮點。

第三，注重原料的特色。整合天南地北的特產，包括世界各地的食材，讓大家感到，吃素並不是簡單的青菜豆腐，而是一件既能飽口福又能長見識的事，是一件充滿樂趣的事。

第四，注重製作的藝術。素菜製作不僅要講究色香味，還要製造美感，從菜品本身到裝盤、造型都要相得益彰，令人賞心悅目，使顧客在品味美食的同時，感受到其中獨一無二的用心。

第五，注重不同的需求。偶爾吃素和經常吃素的群體，對食物和消費會有不同的訴求。經營好一家素菜館，應該盡量兼顧這些需求，一方面讓人吃得好，吃得難忘；另一方面又讓人吃得起，願意常常來吃。只有這樣，才能使素食眞正走進大眾，走進生活，成爲更多人終身而不是偶爾的選擇。

如果能從這幾方面去經營素菜館，做出自身特色，素食才有希望引起大眾的關注，甚至成爲中國社會的主流飲食，這就需要靠大家的共同努力。

結語

科學家愛因斯坦曾經說過：「沒有什麼比素食更能改善人的健康和增加人在地球上的生存機會了。一個人若只關心自己，視周圍其他生靈毫無意義，生活不會健康和快樂。」自然書寫作家梭羅也曾說過：「相信今後人類在不斷進化的過程中，必定會逐漸棄絕食肉的惡習。」

目前，從亞洲到歐美，素食者正日益增長。隨著大眾對素食認知的提高，對健康飲食的嚮往，對低碳生活的響應，這一飲食習慣將受到越來越多的認同和尊重。身爲素食行業的從業者，你們選擇的是一個「朝陽」產業，是可以大有作爲的。希望大家能夠發大心、用足心，讓更多的人因此認識素食，選擇素食，讓更多的人因此戒殺護生，自利利他。

11

禪與生活美學

—— 二〇一八年秋講於西園靜心堂

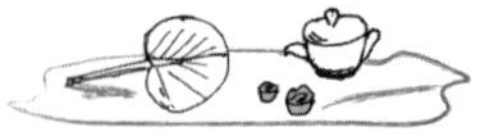

這次活動的報名很踴躍，看來禪意空間、生活美學很有市場。傳承傳播傳統文化要有無量方便，「水邊林下」是其中的重點之一。這是集文化、藝術、禪與生活美學於一體的讀書會，自舉辦以來，深受社會大眾，尤其是城市白領的歡迎，成爲有效的傳燈方式。

建立眞善美的人生

如何讓優秀傳統文化走向社會？必須以大眾喜愛且心嚮往之的方式來呈現，那就是建立眞善美的人生。

求眞、求善、求美

什麼是眞善美？我們一起學習人生智慧，探索生命眞相，此爲求眞。現代社會道德缺失，人與人之間冷漠無感，但在讀書會中，大家其樂融融，尤其是義工們，把開展讀書會當作慈悲的實踐，利他的修行，學做有大愛的人，此爲求善。同時，我們還透過禪意空間、生活美學形成良好氛圍，此爲求美。對眞善美的追求是沒有界限的，不論什麼民族，什麼國家，有沒有宗教信仰，內心多少會有這樣一份嚮往。只不過有時潛藏得較深，尚未意識到。所以我們要創造環境，喚起大眾對眞善美的好樂。這種方式既是社會大眾的需要，也使我們透過利他變得更健康、更純粹、更美好，同時還符合政府所提倡的和諧社會。和諧社會離不開人的自身素養，只有每個人正心修身，社會才能安定祥和。

弘揚傳統優秀文化要重視環境營造，帶著打造禪意空間和生活美學的意識來做。佛教本身有兩個定位，既是世界三大宗教之一，也是傳統儒釋道文化的重要組成部分。

佛教傳入以來，全面影響了中國文化。我在〈佛教與中國傳統文化〉一文中，闡述了佛教對中國哲學、文學、藝術、民俗的影響。關於藝術的部分，我還專門講過「覺醒的藝術」，介紹佛教對傳統藝術和當代藝術的作用，可以結合起來看。

中國傳統藝術重視寫意，佛法的出世超然和解脫，爲書法、繪畫、雕塑等各領域

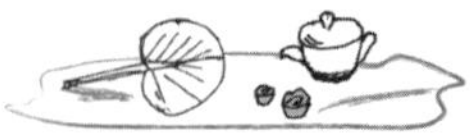

的創作者奠定了思想高度。西方藝術自文藝復興開始得到極大發展，人們認識到自身的價值，認爲人是宇宙的精華，萬物的靈長，開始追求個性解放。但自工業革命以來，隨著物質文明的飛速發展，欲望被迅速鼓動起來。尤其是經歷兩次世界大戰後，哲學家和藝術家們開始重新審視人性，發現人性並不是那麼美好，而是有著諸多問題。當代藝術的產生背景，就是對人性多樣性的困惑，以及由此帶來的種種問題的反思。事實上，如果沒有足夠的智慧認識心性，是找不到人生出路的。

佛教的解脫和西哲講的個性解放看似相近，卻有著截然不同的內涵。關於這個問題，我和哲學家周國平曾有過對話。從產生背景看，兩者都是對傳統的反叛。佛教出現在西元前六世紀，當時印度的傳統宗教是婆羅門教，以神爲本。佛教宣導人本思想，否定神的權威性，認爲一切眾生都有佛性，人的價值並不在神那裡，而在於完善自身，成就解脫。西方文藝復興提出個性解放，則是因爲人性在中世紀受到的壓抑。但這種復興在帶來文化繁榮的同時，也使人性中的負面力量得以張揚。現代社會道德墮落、生態惡化等種種問題，究其根源，都和個性解放有關。這也說明了兩者的區別所在：解脫是充分了解人性後，去除負面心理，開顯正向力量；而個性解放不是以斷惡修善爲前提，就會帶來種種副作用，甚至後患無窮。所以我們要追求清淨無染的解脫，而不僅僅是張揚自我的個性解放。

禪意空間的作用

怎麼追求眞善美？在物質高度發達的今天，很多人的生活從貧窮走向富有。按過去的期待，我們已經有了夢寐以求的生活，幸福值是否同樣提高了？其實未必。事實上，人們在向外追逐的過程中，越來越累，越來越找不到自己，也越來越難感受到幸福。爲什麼會這樣？因爲幸福並非光靠物質就能解決的，關鍵在於能感受幸福的心。

這樣的心來自觀念和心態的改變，也來自富有品味和精神內涵的生活。近年來興起的民宿，設計中往往包含自然、禪意的元素，就反映出這種返璞歸眞的需求。環境是安心的助緣，置身某些特定空間，心更容易靜下來，從向外追逐轉而向內審視。所以營造禪意空間不僅是我們的需要，更是社會大眾的需要。

科技帶來方便的同時，也使人類擁有前所未有的破壞力。當科技飛速發展，而人格越來越扭曲、心態越來越不平衡的時候，每個人都可能成爲一顆不定時炸彈。麻煩的是，我們不知道身邊有什麼潛在危險，也不知道這些炸彈什麼時候會被引爆，那樣的世界將多麼可怕！我們傳播智慧文化，就是希望更多人擁有健康的心態、人格和生活方式。只有人人過得幸福，我們才有安全的保障，才不必擔心被無辜波及。

雖然佛法是人生的大智慧，但一般人未必能認識其中的殊勝，也未必能立刻於法受益，所以這種傳播需要循循善誘。現代人是很著相的，透過禪意空間和生活美學呈現，可以成爲接引大眾的方便。這樣的空間首先是美的，空靈的，讓人願意安住；其次是能在其中感受到義工們的善意，在人際關係日益冷漠的當下，這種溫暖尤爲難得。進一步，就能引導他們學習智慧，追求眞理。所以在接引次第上，是從美入手，然後以善感化，最後以眞提升。從這個角度說，空間氛圍非常重要，甚至決定了人們的第一印象。

傳統道場是偏信仰型的。很多寺院雖然很大，殿堂很多，但主要用於供奉佛菩薩，讓信眾禮拜敬香，想要推廣禪修、講學等弘法活動時，反而沒有合適的空間。不少人覺得佛教是迷信，只能吸引那些沒文化的人，雖是偏見，但多少與寺院的建築功能有關。如果寺院只能提供信仰而非修學的功能，信眾自然會停留在求求拜拜。事實上，寺院本身的定位是內修外弘，在成就僧眾學法修行的同時，起到化世導俗的作用。

佛教自西漢起傳入中國，在隋唐走向鼎盛，當時很多一流人才都由儒入佛，故有「儒門恬淡，收拾不住，皆歸釋氏」之說。從留存的唐代寺院布局圖看，當時的寺院是由各個學經院構成主體，就像學校一樣。此後，佛教從義學（教理研究）到實修都開始走下坡，寺院也逐漸從修學型轉爲信仰型。如果想恢復道場最初的定位，就要從建築功能著手改變。我們目前在建造的道場主要重視兩點：一是功能，要以人爲核心，爲人的修學服務；二是效果，營造攝心、安住的清淨氛圍。

隨著社會的發展，信仰也在不斷內化。過去的人對信仰的訴求主要是求保佑，求加持，希望自己平安健康，升官發財。而現代社會最突出的是心態問題，一方面是認識的困惑，不知道我是誰，也不知道人生的意義；一方面是對未來的迷茫，不知道這個世界會怎樣，也不知道自己要走向何方。多數人的痛苦不在於缺吃少穿，而是由精神匱乏引發的焦躁、抑鬱、沒有安全感，所以越來越多的人有靜心的需要。

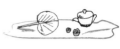

人類之所以有哲學和宗教，就是爲了解決煩惱，進而解決生命永恆的困惑。我們建設道場、營造禪意空間的目的，是以此爲接引，讓人們有緣接觸智慧文化，進而由靜心讀書入門，再透過有次第的修學改變觀念，調整心態，解決現實乃至終極的問題。

十二字箴言的提出

怎樣才能讓禪意空間具備攝受力？我在寺院住了幾十年，對現有道場的建築、功能到管理都不太滿意，一直在思考這方面的問題。爲此還特地去臺灣考察佛教建築，雖然沒找到理想範本，但還是頗受啓發。有時你確定自己不要什麼，才知道該要什麼。基於這些思考，我提出了禪意空間的十二個字，那就是無我、無相、無限、出世、寂靜、超然。這是禪的境界，生命的境界，也可以和具體事物相結合。用在建築上，是建築呈現的氣質；用在空間上，是空間所達到的效果。

無我、無相、無限

從修行來說，眞正體認無我、無相、無限，其實是開悟後的境界。這些都屬於空性的特徵。無我就是沒有中心。凡夫處處以「我」爲中心，但在空性層面，一切是沒有中心的。小至微塵，大到宇宙，無非眾緣和合的顯現，其中並沒有做爲中心的自性。

無相是超越二元對立的相，不執著有無、美醜、善惡、好壞等。凡夫因爲我執和法執，引發對立及貪著、瞋恨等種種煩惱。無相就是要了知一切都是緣起的呈現，在差別相的當下放下對立，體會無相的心體。《六祖壇經》中，以「無念爲宗，無相爲體，無住爲本」爲禪宗修行三大要領，可見無相的重要。

當我們審視自己的心，會發現心沒有顏色，沒有形狀，也沒有邊界。只有無相，

才是無限的存在。從根本上說，人與六道眾生、天地萬物都是一體的。但凡夫由執著設置了種種界限，包括人與人的界限，種族與種族的界限，國家與國家的界限，將世界分裂得支離破碎，也將我們束縛其中。

修行就是要放下我執、解除對立、打破界限。雖然我們現在還不能眞正領會無我、無相、無限的內涵，但可以透過修行逐步靠近。而禪意空間不僅可以當作接引眾生的方便，也是進一步修行的助緣。

出世、寂靜、超然

這是依無我、無相、無限修行的成果。如果我們不學佛法，沒有善知識引導，又沒有禪修方法，就會處處黏著，讓生活中微不足道的小利益、小感情成爲整個世界。只有心無所住，才能出離世間，超然物外，妄念也將隨之平息，呈現生命內在的寂靜和歡喜。否則就會終日向外馳求，哪怕身體想休息了，妄念依然此起彼伏，躁動不安。我們每天唱的「處世界，如虛空」，就是提醒自己，將心安住在虛空般的狀態，容納一切，但不被任何所緣羈絆。

十二字方針既是修行目標，也是我們追求的人生境界。帶著這樣的認識，才能理解禪意空間的精神，知道營造什麼氛圍來接引大眾，並透過有相之物來呈現這些理解。當然這並不是說，營造禪意空間就等於有了什麼境界。這些只是用來借力的手段，固然重要，但不是究竟。

禪意空間的營造

空間營造包含建築和室內裝潢兩方面，我們做的主要是後者。如何在其中體現禪意？十二字箴言只是理念，是抽象的，還要透過具體落實來傳達。

重在整體和諧

社會上很多設計，或是追求奢華，從材料到用品極盡講究，琳琅滿目；或是追求個性，以與眾不同、吸引眼球爲能事。而禪意空間是讓人放鬆的，需要注重整體的和

諧。怎麼做到這一點？

一是整個空間要做減法。除了滿足實際的使用功能，盡量不要有多餘的東西，否則容易分散注意力，讓人難以專注。

二是在材料選擇上注重質地。比如經過歲月洗禮的老木頭、老石板，不僅自身的物理性質更穩定，不易出現變形等問題，還自帶讓人安靜的氣息。很多人喜歡老房子，就在於所有材料已褪去火氣，這是新材料不具備的優勢。在中國藝術中，常把有沒有火氣當作評判高下的標準，以此衡量創作者的修養，作品的境界。所以在材質選擇上要特別用心。

三是協調空間和外在環境的關係，盡量透過借景使視野向外延伸。現代人被關在鋼筋水泥的籠子中，視野和心量容易受到影響。如果你的所緣很窄，每天只想著自我，就會活在個人感覺中；只想著家庭，家庭就是你的世界。如果把心量放大，關心社會、國家乃至地球，你的世界也在不斷擴大。對學佛者來說，要以盡虛空、遍法界、十方三世爲所緣。其實心本來是無限的，只是因爲我執，才形成狹隘的設定。修

行就是要放下我執，建立無限的所緣。在具備這樣的見地前，可以借助空間和視野做爲觀修助緣。

四是注重度的把握。對禪意空間來說，既不能世俗化，也不能過於簡陋，否則會缺乏吸引力。因爲凡夫是很著相的，所以要處理好空和有的關係，讓人感覺每一處細節都恰到好處。即使空無一物處，也是整體設計和空間節奏的一部分，就像中國書法的計白當黑那樣，是有內涵的。

五是透過茶道、花道等生活美學，動靜結合，營造整體氣氛。

六是注重人自身的狀態，尤其對主持活動的義工來說，這點也很關鍵。否則的話，即使空間本身很好，也可能被人的狀態破壞。很多場所之所以不融洽，就是因爲有些人太自我，在那裡喋喋不休。如果再出現一個更自我的，還會因此產生矛盾。所以我們要把自己當作禪意空間的一部分，讓身口意清淨安定，和光同塵。

我們要做的空間是無我、無相、無限的。無我，是每個人都以他人爲中心，而不是以我爲中心。無相，不是說什麼相都沒有，而是沒有對立的相，從空間到裝潢、燈光，包括人的形象、氣質都是一體的。當一切高度和諧，人也成爲和諧的一部分，心就容易空掉。無限，是從室內延伸到外在景觀，把所有關係處理好。

關注發心和用心

我們做禪意空間和生活美學，必須帶著利益一切眾生的心，每次活動前都要發願，希望參與者由此與佛法結緣，希望更多人走上覺醒之道。從用心來說，則是保持正念，讓做事成爲修行。這兩點非常重要。

禪意生活的另一個發展方向，就是變成小資學佛，貪著生活中的外在美。佛法說輪迴是苦，那就用禪意包裝一下，讓自己變得更舒服一點，感覺更好一點。其中既有世間美學，又有佛法內涵，感覺比一般的世俗生活更有品味。這種經過包裝的我法二執會更隱蔽，更難對治。事實上，這種美好還是假相，是無常的。所以我們不能停留於此，更不能生起貪著，否則就容易被迷惑。

不少學藝術的人喜歡親近佛法，尤其是學習中國傳統藝術的，多少和佛法有緣，

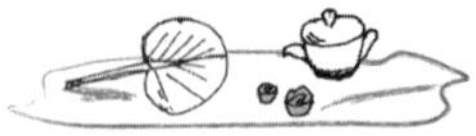

但學佛普遍不深入。爲什麼會這樣？就是自我感覺良好，覺得自己比一般人格調高，還可以談談形而上的佛理，其實卻對出離解脫不感興趣，也不願改變生活現狀，依然以自我爲中心。所謂的學佛，只是想從佛法中吸收一點養分，讓妄想打得更精緻些，讓自我感覺變得更「高尚」些。這是特別要注意的。

本次論壇的主題是「禪與生活美學」，我們首先要認識到爲什麼做這些，然後了解如何營造禪意空間和生活美學。在具體實踐中，各地的基礎不一樣，並沒有一定之規。在西園做水邊林下的感覺特別好，就有大環境等綜合因素，但不是各地都有這樣的條件。關鍵是掌握個中精神，就一定可以在現有基礎上有所提升。

12

禪意設計「十二字箴言」

——講於「覺醒藝術與禪意設計」論壇

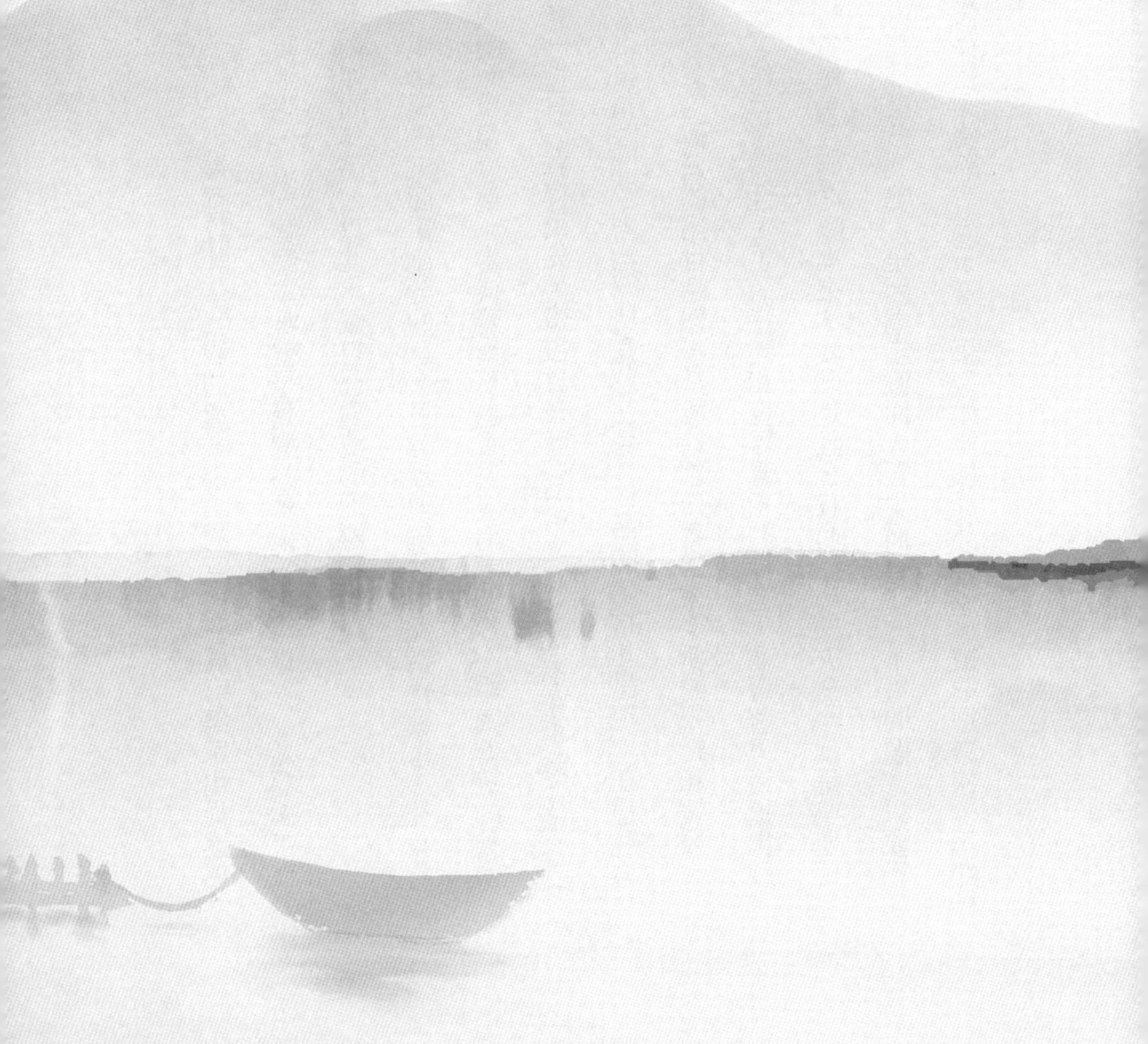

緣起

什麼是覺醒藝術？什麼是禪意設計？我們知道，佛法的意義在於引導眾生從迷惑走向覺醒，從某種意義上說，這一智慧本身就是覺醒的藝術。也可以說，是藝術工作者在佛法智慧啓迪下創作的作品，以此承載自己對法的理解和實踐。

藝術門類眾多，風格萬千，簡單劃分的話，可分爲傳統藝術和當代藝術。在我看來，傳統藝術更重視美，重視意境；當代藝術更追求眞，追求個性。中國傳統的繪畫和書法特別強調「意」，有「意存筆先，畫盡意在」「品格之高下，不在乎跡在乎意」之說。這個「意」就是思想高度，包括作者的立意、作品的題材和呈現。在這些方面，佛法闡述的空性智慧，傳遞的出世超然，都能給創作者帶來全新的視野和啓發。

當代藝術重在表達作者對人性、生命意義和世界眞相的探究，並帶著思考提出問題。法國畫家高更的名作「我們從哪裡來？我們是誰？我們往哪裡去？」就是典型代表。這三問之所以引起那麼多共鳴，是因爲它直面人類生而有之的永恆問題。只要不解決，這些問題始終存在，始終令人不安，讓人如無根浮萍一般，被輪迴裹挾，不知去向何方。

藝術家們雖然意識到問題，但如果缺少大智慧，是無法認識人性，無法找到生命意義、透徹世界眞相的。因爲看不清，不僅找不到藝術的出路，也找不到生命的出路，最終落入虛無。事實上，這正是很多藝術家的困境所在。尤其因爲藝術家特有的敏感，使他們更容易陷入其中，懷疑一切，痛苦掙扎。所以，與其說是藝術家們提出問題，不如說他們是表達自己的迷惑和無奈。

如何找到方向，走出困境？離不開佛法。這一智慧不僅引導我們看清生命眞相，更重要的是，提供改造生命的方法。關於這個問題，我們在《金剛經》的講座說得很清楚，現在側重從創作角度和大家聊一聊。

藝術工作者都很關注自己的作品，視之爲思想、情感、藝術追求的外化，殫精竭慮，不斷創新。但很多人沒有意識到，生命也是一個作品，而且要用一生乃至生生世世去創作。這個作品是無意識的信手塗鴉，處處敗筆，還是經過縝密設計、傾力打造的精品？相信每個人都希望自己是後者。怎樣才能提升生命品質，成爲更好的自己？

同樣離不開佛法智慧。這也是本次論壇探討「覺醒藝術與禪意設計」的意義所在。只有把創作主體搞定，才能像改良土壤那樣，源源不斷爲作物生長提供養分。

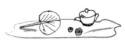

那麼，覺醒藝術與禪意設計有哪些特點？關於這個問題，我曾提出十二字方針，即無我、無相、無限、出世、寂靜、超然。以下將以這幾點爲主，談談我的思考。

無我

說到無我，有人會擔心：這是否定我的存在嗎？我該何以自處？凡夫最大的特點是在乎自我，除了生存，幾乎都在爲自我的重要感、優越感、掌控欲活著。但要追求並維護這三種感覺，何其辛苦！從自身來說，會因三種感覺得不到滿足而受挫；從人際關係來說，則會因「誰最重要，誰更優越，誰能掌控」引發是非和紛爭。我們想一想，人生的種種煩惱，從名利到地位，從家庭到事業，哪一樣不是因爲和這些感覺掛鉤，才給我們帶來壓力和痛苦？

文藝復興之後，西方人文主義思潮盛行，崇尚個性解放，追求個人價值。到近現代，對自我的張揚更是達到極致，「唯我至上」大行其道，但人們反而越來越茫然，越來越找不到自己。爲什麼我們會在崇尚自我的過程中迷失？所以就需要看清，我們所追求的，到底能不能代表「我」？

佛法告訴我們，人有兩種障礙：一是所知障，即認識存在的障礙，使人看不清自己，看不清世界；一是煩惱障，是由錯誤認識而導致的。因爲看不清，就會本能地向外抓取，把種種不是我的東西當作是「我」，從而帶來煩惱。我們想要認識自己，找回自己，就必須放下我執。所以無我不是否定色身的存在，而是否定對自我和世界的誤解。只有去除這些不是「我」的部分，才能破迷開悟，去僞存眞。

如何通達無我？禪宗修行中，是讓學人參話頭，參「我是誰」，參「父母未生前本來面目」。在我們一般認定的對象中：名字是不是我？身體、想法、身分……是不是我？透過分析可以認識到：這一切都是會敗壞的，和我們只有暫時的關係。《楞嚴經》中，是透過「七處徵心、八還辯見」來認識自我。至於相關內容，我們不在此一一說明，但最後有一句非常關鍵：「諸可還者，自然非汝；不汝還者，非汝而

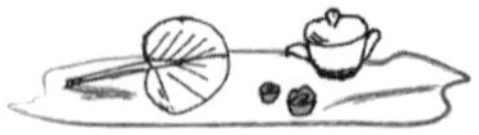

誰？」告訴我們：凡是可以被解構的，只是存在的假相，是一種假我。只有最後那個沒什麼可解構的、不生不滅的存在，才是眞正的「本來面目」。

我們要經常問問自己：我是誰？究竟什麼代表著我？問一問，想一想，就會發現，很多貌似理所當然的追求，其實很無謂；很多拚命想要抓取的東西，其實抓錯了。既然很無謂，既然抓錯了，自然不必爲此患得患失，耗費一生光陰。

我們的很多痛苦都來自期待，希望家庭永遠美滿，希望事業長盛不衰，希望身體青春常在……事實上，這一切都是無常變化的，和我們只是短暫的一期一會。只有看清眞相，才不會建立期待，由此帶來不必要的痛苦。所以說，無我是幫助我們認識自己，找回自己。在禪意設計中，無我對我們有三種意義：

第一，無我有助於踐行深層環保。西方人本主義思潮的重點，是人類中心論，認爲世間萬物都是爲人服務的。在這樣的思想基礎上，人類爲了獲取利益，可以不惜一切代價，這是導致生態破壞的根源。而佛法認爲人類和世界是一體的，即依正不二。此外，中國天人合一的思想、印度梵我一如的思想，都是把人和世界當作整體來認識，對自然心存敬畏和感恩。所幸的是，西方有識之士也已認識到這一問題，提出生態中心主義，把人視爲生態環境中的重要因素，而不是一切。但如果認識不到無我，這種轉變可能只是流於形式，只是以一種溫和、可持續的方式，讓萬物更長久地爲「我」所用。本質上，仍是對自然的掠奪而不是和平共處。只有放下對「我」的執著，認識到眾生的平等，萬物的相生，才能眞正建立生態中心主義的觀念。具備這種認識，有助我們設計出更環保的建築和產品，與自然和諧相處。

第二，無我有助於轉換設計理念。由於以自我爲中心，很多設計師的作品並不是從利他出發，而是要彰顯自我的重要感、優越感，標榜自我的特立獨行，與眾不同。這樣的作品或許能取得某種意義上的成功，但也促使今天的世界光怪陸離。因爲每個人都希望自己的聲音被聽見，結果匯聚成巨大的噪音。想要改變這點，就必須在定位上加以調整。比如從建築來說，本身也是一個用品，是生活、工作的場所。所以在設計時，應該從生態環境和客戶需求出發，與環境友好相處，讓用戶身心安樂。身安是處理好空間關係，心安則是要營造文化氛圍。只有放下自我的表現欲，本著同理心和

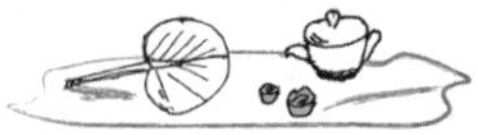

利他心，才能讓作品與眾多緣起和諧相生，用自己的專業能力造福社會。

第三，無我有助於各方面的溝通。很多設計師和客戶溝通時感覺很痛苦，原因是什麼？除了文化、審美、立場等方面差異，關鍵還在於我執。因爲活在自我感覺中，以各自的經驗、立場、利益爲中心，難以理解彼此，從而造成甲乙雙方的交流障礙。認識無我，是讓我們走出自我的感覺，學會傾聽並換位思考。只有眞正理解對方的需求和想法，在尊重的基礎上，帶著利他心去做，同時善巧地幫助他提升品味，才能使溝通變得順暢，同時也爲自己帶來創作空間。

無相

設計是有相的，我們設計一棟建築或一件產品，大家不可能看不到。既然有相，爲什麼又講無相？《金剛經》的講座中提到，佛法所說的空，並不是否定現象的存在，而是引導我們以緣起的智慧看世界。一切的存在，從設計到實物，都是作者的想法，加上各種外在條件構成的。離開這些由內而外的條件，有沒有作品的存在？

古典物理學認爲物質有不可分割的基本元素，並由這些元素造就世間萬物。但現代量子力學認爲，基本元素的存在是不確定的，可能顯現爲粒子，也可能顯現爲波。它以什麼方式存在，和我們對它的認識有關。所以說，一切現象都沒有固定不變的特質——你的認識，決定了世界的存在。

這也告訴我們，每個現象都有無限的可能性。我們對很多問題的認識，其實都是帶著自己的習慣、經驗和設定，一旦去除這些附加條件，每個有限的當下，都蘊含著無限的可能。佛教所說的空和無相，正是去除我們對世界的設定和執著，還事物以本來面目。

對存在現象的認識，會對我們產生兩種影響。正確認識，可以導向眞理，導向智慧；錯誤認識，則會導向煩惱，導向輪迴。何去何從？關鍵在於怎麼看。每個人都執著自己的所見並信以爲眞，卻不知道自己正戴著有色眼鏡，不知道所見一切其實是經過自己加工的。佛教所說的空，並不是否定事物的存在，而是要空掉我們對世界的錯誤設定。只有認識無相，才能擺脫有限的束縛，在每個有限的當下體認空性，體認無

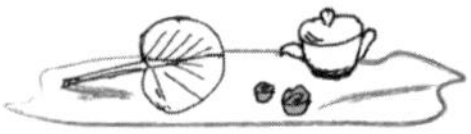

限。

《六祖壇經》的修行綱領，是「無念爲宗，無相爲體，無住爲本」。無念爲宗，讓我們體認虛空般無念的心體。我們現在的心像雲彩一樣變化不定，且念念無常，處處住相。但在雲彩背後，還有如如不動的虛空，是超越一切相的。

無相爲體則是告訴我們，心不以任何相的方式存在。禪宗會採用追問的方式認識自己：我們每天忙這忙那，忙得天昏地暗，是誰在指揮這一切？我們常常陷入情緒之中，時而心花怒放，時而痛不欲生，是誰在製造這一切？我們想盡辦法擺脫痛苦，卻力不從心，難以改變這種喜怒無常的癲狂狀態。

現代人最大的困擾是心靜不下來，做著這個想著那個，被手機控制，被遊戲控制，被購物控制……甚至失去了休息能力。問題在於，很多人根本不知道自己爲什麼會這樣，所有這一切似乎都是在不知不覺中發生的。

如何改變這種狀態？要學會觀察自己的心。佛教中，這種訓練包括止禪和觀禪。止禪是培養心的專注力，透過呼吸、佛像等所緣，讓心繫念於此，逐步穩定。當心得以安住，就會開始明晰，使本具的自性光明產生作用，照見妄念的來去和生滅。就像水，從動蕩變得寧靜時，就能恢復照物功能。《心經》的「觀自在菩薩，行深般若波羅蜜多時，照見五蘊皆空」，正是說明這種觀照的智慧。

我們要審視自己，看看心在哪裡，在身體以內，還是身體以外？心到底什麼樣？其中有些什麼？當觀照力生起，我們就能看到，心像虛空般無形無相，不在內也不在外，也就是慧可祖師所說的「覓心了不可得」。雖然不可得，同時又了了明知，不僅能照見五蘊身心，還能照見盡虛空遍法界的一切。這個無相、無限、無所不知的心體，正是心的本來。

佛教認爲，我們能看到什麼樣的世界，和心有關，也和認識世界的六個管道有關。這些管道就是眼根、耳根、鼻根、舌根、身體和思維，正是它們，決定我們能看到什麼世界，而不是世界決定我們有什麼認識。六根面對的世界，佛教稱爲六塵，分別是色、聲、香、味、觸、法。六根認識六塵的過程，會產生六種認識，即眼識、耳識、鼻識、舌識、身識和意識。

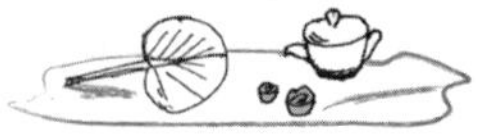

這些影像會留在內心，成爲影響我們認識世界的心理力量，《楞嚴經》稱之爲「前塵影事」。學佛，就是要透過智慧審視，把這些念頭和情緒一一空掉。否則就會掉進去，成爲心念牢籠的囚犯，被煩惱和負面情緒所折磨。當心回歸虛空般的狀態，什麼念頭都奈何你不得，因爲虛空無法裝入牢籠，也無法被束縛。體會到無相的心體，我們才能超然物外，自在無礙。在禪意設計中，空和無相對我們有三點啓發。

第一，無相可以打破有限的設定和執著。多年來，我們接受了相關的教育和文化傳承，並在從業過程中形成自身的經驗和能力。這些既是吃飯本錢，也是某種局限。因爲一旦貼上「我」的標籤，我們就會執著自己的知識、經驗、能力，覺得這些特別重要，特別優越，特別勝人一籌。如果停留於此，就會形成條條框框，逐步失去創造力。無相的智慧，不是要把經驗和能力空掉，而是把我執空掉。當我們有了開闊的視野，開放的心態，創作中就不會受限於自己的習慣和設定，還能進一步打破行業乃至文化傳承中的習慣、設定和局限。現在有句話叫「腦洞大開」，其實無相才是徹底打開，不拘一格，不爲任何成見所縛。

第二，無相有助於打破二元對立，構建和諧關係。比如在建築設計中，要處理好人的關係、建築的關係、環境的關係。如果不在這三者間取得平衡，而是過度張揚自我，只關注建築本身的呈現，就可能破壞和諧。因爲建築不是孤立的，而是眾多緣起中的一部分，需要從整體看待建築、環境和使用者之間的關係。現代商業重視生態構建，做設計也是一樣，要重視環境和社會的生態，處理好彼此依存的關係。這麼做的前提，就是打破二元對立的思維，由無相而能天人合一，物我兩忘。

第三，無相可以打破固有設定，開啓生命的無限性。如果生命始終停留在有限的層面，由此產生的靈感也是有限的。當我們在念頭的當下，體會到念頭背後虛空般的心，創作靈感才會源源不斷。因爲這樣的心是沒有滯礙的，可以有無窮妙用。

無限

世界包括有限和無限兩個層面。我們多半活在有限的層面，追求五欲六塵、名聞利養，而哲學、宗教則是探討無限的層面。

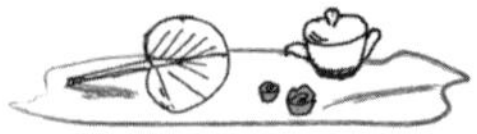

有限的層面包括時間和空間。從時間來說，體現在有始有終。比如人今生的幾十年，包括一切生命的存在，都有開始有結束。短的朝生暮死，長的百千萬年，相較於地球的存在，實在微不足道。但即使地球、太陽系、銀河系的存在，乃至再漫長的天文數字，也不過是無限中的一個過程。

生從何來，死往何去？在有限的生命之外，究竟是什麼樣的存在？那些巨大的未知是什麼？如果生命沒有無限性，只是從生到死的片段，哪怕能活億萬年，在究竟意義上，也是沒有價值的。雖然當下的存在有其價值，但從結果回望的話，如果宇宙都要毀滅，現前這一點價值能否和終將毀滅的虛無相抗衡？如果不探討生命的無限性，不找到答案，我們是無法安然活著的。

從空間來說，人的存在同樣微不足道。在浩瀚宇宙中，銀河系是微不足道的；在銀河系中，太陽系是微不足道的；在太陽系中，地球是微不足道的……更何況，每個人只是地球七十多億人口之一。面對動輒幾十億、乃至百千萬億光年的時空，不知大家會不會有發狂的感覺？宇宙實在太大了，身為螻蟻般渺小的個體，活著的意義究竟是什麼？

但佛法告訴我們，心的本質就是宇宙的本質。生命中除了有限的層面，還有無限的層面。我覺得如果沒有這樣的答案，人是很難自處的。所以對無限性的追問，可以開闊視野，讓我們找到生命的意義所在。

怎麼認識無限的心？我們生活在城市中，在家面對的是柴米油鹽，生活壓力；出門面對的是車水馬龍，水泥森林。頭頂那片天空也被高樓切割，被霧霾遮蔽。在這樣的環境中，心很容易封閉。視野有多大，決定我們的心量有多大。包括環境的視野，也包括知識的視野，古人說「讀萬卷書，行萬里路」，你的眼界拓寬了，胸懷乃至生命也會拓寬。更重要的，則是透過修行得來的對眞理的體認，是世間任何知識不能比的。

佛教中，普賢菩薩被稱爲「大行」，在他所發的十大行願中，每個行爲都建立於無限的所緣，每一願的對象都是「所有盡法界虛空界，十方三世一切佛剎，極微塵數諸佛世尊」及無量眾生。虛空是無限的，菩薩的大願和廣行也是無限的。佛教關於無限的另一個表達是十方三世。十方代表空間，爲東、西、南、北、東南、東北、西南、西北、上方、下方；三世代表時間，爲過去、現在、未來。莊子說的「四方上下爲宇，古往今來爲宙」，也是以空間和時間來說明宇宙。

我們每做一件事，都要以無限的空間和時間爲對象，只有建立這樣的視野，才能和佛菩薩的心行相應。事實上，心本來就像虛空一樣，但因爲我執，因爲認知的局限，使我們的世界變得很狹隘。小到只有一個人，一個家庭；或是一家企業，一個地區；最多就是一個民族、國家、世界。即使心懷世界，在宇宙中也是微不足道的。

如何認識無限？佛法爲我們提供兩種修行方式。一是以無限的時空和眾生爲所緣，這樣的觀修，有助於撤除狹隘的設定，使心回歸本來狀態。二是由觀照力加以審視，超越有限、對待的心，直接認識無限。所以，佛教所說的無限不是紙上談兵，而是可以透過禪修抵達的。在禪意設計中，無限對我們有兩點啓發。

第一，**透過對無限的認識，打開心量，理解空的美**。心和境是相互影響的，尤其是對凡夫來說，很容易心隨境轉。當我們只見眼前種種，內心會有太多東西想要表達，表現在設計上，往往誇張、繁雜、一味堆砌。在這樣的環境中，心會更加緊綳、擁擠而狹隘。而禪意作品多半採用減法，以簡約乾淨的空間，幫助我們領略空的內涵。進而由境的空，導向心的空。

第二，把有限和無限統一起來。作品本身是有限的，如果心局限於此，往往使作品成爲孤立的存在。只有去除設定和邊界，才能向外延伸。從建築來看，中國古人很善於借景，把建築當作整體環境的一部分去營造。讓人在有限的空間，感受無限的世界；同時又在無限的視野中，體現創作的巧思。這種有限和無限的融合，能夠以小見大，內外融通，對開拓設計思路有很大啓發。

出世

出世和入世，是說到佛教時繞不開的話題。中國傳統的儒家比較入世，當然也有出世的部分，以隱士文化爲代表。但這是偏於無奈的出世，所謂「邦有道則仕，邦無道則隱」，儒家的出世是抱負無法施展時退而求其次的選擇。而佛教的出世解脫之

路，是透徹人生眞相後的自覺選擇，是對輪迴之樂的主動捨棄。至於入世，則是出於慈悲而不捨眾生，發願幫助眾生共同出離。在具體實踐中，必須以出世心行入世事，是對出世的提升而非背離。如此就注定兩者的精神氣質完全不同。

儒家的關注點主要局限於當前社會，而佛法修行是立足於十方三世，透過聞思修樹立正見，進而以空性慧審視世間，看到五蘊身心的無常、幻有，看到名利得失、榮華富貴的虛假本質，看到「一切有爲法，如夢幻泡影，如露亦如電」。具備這樣的認識，一方面可以本著菩提心積極入世，化世導俗；另一方面也能看到，所做一切不過是空花水月，從而不陷入對我的執著，對事的執著。哪怕做再多事，也不會覺得「我做了多少，多了不起」，不會因此造成負擔。這是把出世和入世有機結合起來，在積極入世的同時，保有出世的超然。在禪意設計中，出世對我們有兩點啓發。

第一，入世的設計是做加法，如果一味追求外在形式，難免造成偏差。比如以媚俗爲接地氣，以怪異爲創造力，以奢華爲高大上。這些設計非但不能給人以美的享受，還是對大眾審美的誤導。出世的設計則是做減法，在滿足功能的前提下，以簡約、樸素、低調的風格來呈現，讓人少欲知足而不是刺激物欲，讓人向內關注而不是向外追逐。在今天這個喧譁浮躁的物質社會，尤其需要這樣一股清流。

第二，入世的設計是滿足自我需要，會增長欲望和世俗心。現代社會不斷鼓動欲望，在帶來滿足的同時，也讓人疲憊不堪。所以越來越多的人開始放下物質享樂，追求返璞歸眞的生活，追求有品質、有禪意、有內涵的生活，讓這顆向外馳騁的心得到休息。身爲設計師，只有關注生命內在，才能創造出讓人身心安頓的作品。這樣的設計不僅不媚俗，不隨俗，還要超越世俗，淨化世俗，從而滿足更高層次的精神需求。

寂靜

寂靜代表作品蘊含的境界，傳達的氣息。一般人對寂靜的了解偏向外在，指沒有喧囂、噪音的安靜環境，但佛教所說的寂靜，主要指內心安寧。佛教中，常和寂靜相連的兩個字是「涅槃」，即涅槃寂靜。

什麼是涅槃？就是息滅內在躁動。我們內心總有各種妄想、情緒、煩惱在翻滾，

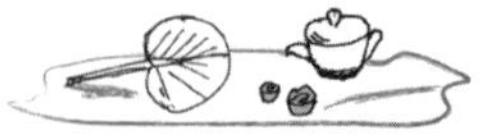

此起彼伏，波濤洶湧。尤其是生活在網路時代的人，時刻被鋪天蓋地的資訊衝擊，控制，即使想睡了，還在習慣性地刷著手機；想靜一靜，還在控制不住地胡思亂想。一旦失去休息能力，就會使身心失去休養生息的充電機會，疲憊難以恢復，躁動難以緩解。

怎樣才能靜心？佛教戒定慧的修行，就是一套次第清晰且經過兩千多年無數實踐證明的有效方法。透過持戒不造惡業，使生活簡單健康，避免不良外境的干擾；透過修定制心一處，使內心趨於安定，讓煩惱沒有活動機會；透過觀照審視內在身心和外在世界，最終開啓智慧，證悟實相。當狂亂的心得以平息，我們就會感受到生命內在的寂靜和歡喜。在禪意設計中，寂靜對我們有兩點啓發。

第一，審視作品傳達了什麼氣息。很多人觀看弘一大師等高僧大德的書法時，會感到寧靜的攝受力；觀看一些當代作品時，則會覺得心浮氣躁。事實上，書畫界早就把「有沒有火氣」當作評價作品的重要標準之一。所謂火氣，其實就是浮躁，是作者心境的外化。在創作時用的是什麼心，會透過作品傳遞出來。

所有藝術創作都和作者本身的狀態有很大關係。在某種意義上，作品其實是作者的另一種存在，是作者精神氣質的投射，故有「字如其人」之說。從量子力學的角度，一切現象並不是客觀的存在，我們能看到什麼樣的世界，是自身業力系統和認知模式決定的。我們的所知所見，既蘊含著世界的能量，也蘊含著自己的認知模式。所以我們在觀察世界時，並不是單純的觀察者，同時也是參與者。觀察者尚且有這樣的作用，何況創作者？藝術家本來是創造精神食糧的，如果我們帶著浮躁、功利的心創作，作品必然心浮氣躁，急功近利，那就是在製造垃圾食品。這是特別需要反思的。

第二，我們希望透過禪意作品傳遞寂靜的力量，前提是自己要有禪心，對無我、無相、無限有所體會。我們常常講到加持力，從某種意義上說，不僅三寶有加持力，藝術創作也能傳達「加持」，是一種讓人產生共鳴的精神力量。我們帶給大眾的，是正面「加持」，還是負面「加持」？是帶來安靜，還是引起躁動？這些在很大程度上取決於創作者。只有提升自身修養，才能爲社會提供健康的精神產品。

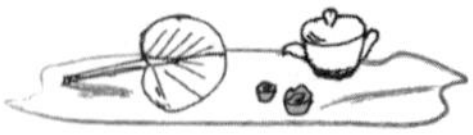

超然

超然物外，坐看雲起，是很多人嚮往的境界，但這並不是想一想就能做到的。如果我們不放下內在的執著、煩惱和壓力，即使想要超然，也是力所不及的。怎樣才能擁有超然的心？西方強調個性解放，主要是爲了解除制度、信仰、傳統的束縛；佛法所說的解脫，是讓我們解除錯誤觀念及執著形成的束縛，解除內心的迷惑和煩惱。否則的話，即使擁有外在的一切自由，我們依然會作繭自縛。所以超然必須以智慧爲前提，只有看清世間眞相，放下一切執著，不以物喜，不以己悲，才會有坐看雲起的心境。

從另一方面來說，很多藝術家都會遇到創作瓶頸。尤其是有了一定成就後，碰到這種難以突破的關口，會讓人尤其焦慮。越焦慮，就越是難以突破。怎樣超越困境？除了技藝的提升，離不開超然的心態。所謂超然，一方面是要放下思維定式，解放思想，輕裝上陣；另一方面是要離開舒適圈，嘗試更多的可能。更重要的，是不被名利所捆綁。如果一心只想爭名奪利，本身已和藝術不相應了。當然這些都是一般意義上的超然，究竟的超然，是對生死的超越，對輪迴的超越。

在禪意設計中，超然既體現了作品的氣質，也反映了作者的人生境界，對我們有以下兩點啓發。

第一，作品不是爲了張揚自我，否則就不可能超然。如果作者太看重自我，一心想要張揚自我，突顯自己的與眾不同，本身就是一種貪瞋癡，必然會非常辛苦。事實上，這正是很多藝術家的痛點所在。只是因爲有一層藝術的包裝，似乎讓這種貪瞋癡有了某種隱蔽性和合理性。但不論它的表現形式是什麼，其本質依然是煩惱，是帶來痛苦的源頭。

第二，在設計中不媚俗，不落俗，否則就不可能超然。當然，這並不是不考慮大眾需求，只顧自娛自樂，而是在入世中保有出世的超然，讓作品以自然、自在的方式存在，不增不減，不偏不倚。不論設計還是藝術創作，都是要爲眾生服務的，但這種創作必須來自生活又高於生活，隨順世間又超越世間，才能不被貪瞋癡所轉，爲社會創造眞正有營養的精神財富。

以上，是對「無我、無相、無限、出世、寂靜、超然」的解讀。這十二字箴言既

是禪意設計指南，也是一種生命境界。有道是「功夫在畫外」，這個功夫是什麼？一般是指全方位的文化修養，但我覺得，還應該包括對人生意義的思考，對世界眞相的審視。如果離開這兩點，文化修養就會流於表面，流於知識和技巧。

當我們發心走向覺醒，把設計當作踐行十二字箴言的過程，這樣的藝術創作，就不局限於一種「藝」，一種「術」，而能成爲載道之器。所以我們講到禪意設計，不僅要從專業角度和表現方式來思考，激發創作靈感，更重要的是學習佛法智慧，提升生命境界。只有打造優秀的生命作品，成爲最好的自己，才是眞正有價值的。

13
生命也是可以被設計的

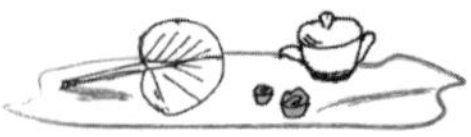

二〇二一年初春，聯想集團首席設計師、北京奧運火炬設計總指揮、德國紅點概念設計大獎得主姚映佳先生來到甘露別院參訪濟群法師，雙方就人生和設計問題做了一番探討。本文是此次交流的記錄整理。

靠什麼認識世界？

姚映佳：我今年四十七歲，從一個普通設計師做到公司首席設計官，至今還沒找到「我是誰」，更多時候是在看別人，在用設計解決問題。剛剛您說到——我是誰？我到哪裡去？到了這個年齡，我不知道用什麼樣的行爲和指導，才能眞正面對自己。這問題是不是太個人了？

濟群法師：這是很重要的問題。現在的人都在關心社會、關心事業，往往把自己給忽略了。但人到一定年齡就會反思：這種熱鬧是不是很實在呢？然後會發現，它並沒有我們想像的那麼實在，就像玻璃瓶，一敲就碎了，所以內在會有一份不安。當你忙來忙去的時候，可能不會想太多，只想著把事情做好。但是靜下來想一想，可能就會覺得我們所追求的這些東西，它的意義到底是什麼？它並沒有我們想像的那麼真實。如果沒有那麼真實，何以安身立命？到了一定年齡，開始思考這些問題，我覺得是應該且必須的。

姚映佳：我有點晚熟，快五十歲才想這個問題。

濟群法師：靠自己把這個問題想清楚並不容易，有人會讀各種哲學、宗教，從中尋找生命的終極意義，可能永遠都找不到。也有人比較幸運，能找到一種文化，一種信仰，足以解決這些問題。從佛法來說，這和宿世的因緣、慧根有關。

釋迦牟尼在菩提樹下明心見性，認識到生命的內在本質，發現心的本質就是宇宙的本質，每個人都能找到真正的自己，每個人都具備自我拯救的能力。從現象上看，生命渺小而短暫。如果意義就建立在有限的外在現象，事業再大，也是微不足道的。所以我們要去尋求生命蘊含的無限層面和終極價值，這是我們本來具足的。通過佛法修行，是可以去認識的。

姚映佳：這是一個可能伴隨一生的過程。

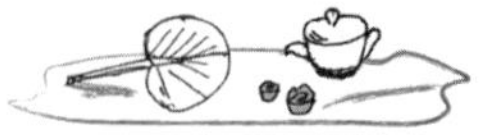

濟群法師：從認識到修行的過程，就是去造就更圓滿、更美好的生命。設計關注的是外在產品，可能沒想過，生命本身也是一個產品。我問過這樣的問題：你的生命是普通產品，還是精心設計的藝術品？其實，多數生命都是一個普通產品。中國傳統文化重視做人，但現代人關注的都是外在。須知，和自己關係最密切的是心。沒有健康美好的身心，外在條件再富有，也不容易過得開心，所以內在的改造比任何事情更重要，生命也是可以設計的。

我們正在做一個菩提導航ＡＰＰ，幫助大家造就美好的自己。生命由不同元素組成，人有魔性，有佛性；有獸性，有神性。發展什麼樣的心念，就會成爲什麼樣的人，所謂一念成魔，一念成佛；一念地獄，一念天堂。簡單地說，人生蘊含著大智慧，而佛法對心性的分析最爲透徹。

姚映佳：我自己有過一些思考，但只是片面、局部的。二十年來，我做過上千個項目，最後沉澱下來的產品，並不見得就是表面，包括這些設備、產品，其實對我一生影響很大。很多人看到的是：哇，你做了奧運火炬的設計，很厲害。

其實我最大的收穫是，第一次從原來的商業產品，思考和商業沒有太大關係的設計。而且要把中國文化和奧運精神，以及人們對這件事的期望整合在一起。當時我們做了好多方案，我覺得，在這個項目中學到很多。

火炬的概念，我們當時叫祥雲，就是紙一卷，一朵祥雲，很簡單的形態認知。我帶著團隊一起，不斷思考什麼代表中國文化。但我知道奧運會有個訴求，要把不同的人，不同的種族聚在一起，這個過程可能像雲一樣，雲聚雲散。而且對所有人來說，都能看到雲，它是可以被認知的。下面極簡，就一個簡單的紅色，上面是特別複雜的雲紋。把兩個對立的元素用一個色彩貫通起來，也是把不可能變成可能。當時做火炬還有好多細節，給您簡單彙報一下，就不細講了。

善勇：他的團隊得了德國紅點獎，相當於設計界的奧斯卡。

姚映佳：我們領獎的時候，全場差不多有一千五百人，都是來自全球的企業家和設計師。我走上台領獎的時候，雖然沒有看後面，但我能感覺到那種氣場和情緒。有人是認可的、了解的，也有人帶著問號，甚至帶著一種質疑，爲什麼是中國企

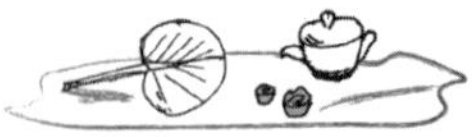

業？那次是我人生的第二次大轉變。做火炬設計雖然讓我有了名氣和影響力，但給我更大的啓發是：別把自己當回事兒。我一直在思考自己要去面對的責任，而不僅是產品賣得好或不好。

濟群法師：中西方哲學講到三個問題，一是人與世界的關係，一是人與人的關係，一是人與自己的關係。西方文化重視人與世界的關係，尤其是科技文明，一直都在向外認識世界，改善世界。儒家思想則是建立一套人倫之道，解決人與人的關係。而佛法是解決人與自己的關係——人與自己的交互，才是根本所在。人際關係中的很多問題，歸根結柢是人自身的問題。如果對自己缺乏認知，我們從什麼角度出發去和人建立連結？

剛才講到，產品要更好地服務社會。但如果自身沒有健康的狀態，外在說明是很有限的。所以對自身的認識和改造是根本，也是永恆的問題。當我們向外認識世界時，感覺地球在變小，因爲視野變大了，資訊和交通發達了。但以人有限的能力去認識無限的宇宙，永遠都是有限的，因爲有限沒辦法認識無限。這就涉及一個終極問題——我是誰？我們靠什麼認識世界？一是理性的層面，那是有限的；一是純淨的直覺，即人類內在的無限力量，必須通過修行才能開發。

建立虛空般的視角

姚映佳：我特別喜歡您說的純淨的直覺，特別好。

濟群法師：放鬆時，就能產生這樣的創造力。但現代人容易焦慮，心裡的事太多，會影響到創造力。

姚映佳：您說的純淨的直覺，我覺得就是在非常安靜的空間，有一定的方法來製造偶然性。有時候創造力就是一種常態的偶然性，我到設計室經常講的一句話是：怎麼沒音樂啊？我也思考過，如何讓靈感成爲常態的偶然性？需要有技巧，也需要認知方法。剛才您說的去認知無限，給了我一個方向。

濟群法師：佛法可以給我們提供認識世界的高度。平常人認識世界，基本離不開經驗和積累，但經驗恰恰會成爲我們的局限。如何用好這些經驗，又能跳出經驗？就

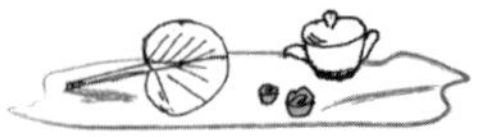

像佛法講的，要建立虛空般的視角，才不會卡在經驗的局限中。

姚映佳：您是說虛空的視角嗎？

濟群法師：虛空的視角無所不在，但我們的經驗往往是打著手電筒，以管窺豹。每個經驗都包含視角，所以我們看問題會有一個角度。這個角度可能是我們的優點，也會成爲我們的局限。

姚映佳：說得太好了。我一直在想虛和實這個事情，感覺很有意思。我有兩個孩子，一個十三歲，一個九歲，都在英國念書。大兒子在九歲時說：「爸爸，我是這麼理解宇宙的，爲什麼會有今天這個世界？原來宇宙就是一個虛的東西，一切都有規律，但都不是實的……」講完之後，他就蹦蹦跳跳幹別的去了。我覺得很有意思，這個視角就是虛和實。我自己有一點點主觀認識，覺得人類好像注定被設計來到地球上，要經歷某些過程，最後重新回到虛的狀態。

濟群法師：佛法對世界的解釋，其實就是四個字：因緣因果。佛法的時空觀非常開闊，認爲一個太陽系就是一個世界，一千個太陽系是小千世界，一千個小千世界是中千世界，一千個中千世界是大千世界。三千大千世界是這麼來的，涵蓋了很多世界。宇宙中到底有多少這樣的三千大千世界？《金剛經》說到恆河沙數世界、十方微塵數世界。你說，佛陀的視野有多開闊。

從微觀角度來說，經典物理學認爲有一個不可分割的原子，由原子的累積構成世界。到了量子力學，講波粒二象性，物質可能以波的方式存在，也可能以量子的方式存在，其存在方式和我們的認知有關。也就是說，在認識世界時，我們的認識會決定認識物件。

佛教不同流派也存在類似觀點。小乘佛教認爲，世界由極微構成，即物質的最小元素，不可分割。大乘中觀思想的重要理論是無自性，告訴我們，世界沒有不可分割的實體，一切存在都是條件關係的假相。而唯識思想則告訴我們，你認識的世界，並沒有離開你的認識，是認識決定了你能看到什麼世界。這和量子力學的觀點非常吻合。

在無限的世界中，成住壞空是此起彼伏的，就是緣生緣滅。這種生滅取決於因緣因果。佛教不認爲世界有某種主宰力量，而是由共業系統構成的。其中，物質是被動的，心是能動的。每個眾生的心和業力，就是推動宇宙運行的能量。

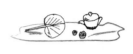

佛教對現象的認知用了一個字，就是「假」。假不是沒有，但也不是固定不變的有。一切現象，我們以爲看到的是眞實的，但那只是感覺而已，事實上是條件關係的假相。比如桌子，是由一大堆非桌子的元素構成其存在。離開這些元素，桌子是什麼？此外，我們在認識桌子時，還會賦予它美醜之類的價值判斷，覺得它很實在，其實都是人加上去的。

姚映佳：剛才您說到桌子，我就在想，好多我們認爲有序的事，一是來自客觀規律，一是人類行爲造成的結果，並不是說它本來應該是這樣，而是外界條件和我們的認知決定了它是這樣。

在系統認知性上，佛教眞的非常深刻。我哥哥、嫂子以前也去佛堂，但很奇怪，出國後經常去教堂。我不知道他們的具體情況，但您講完之後，我覺得好像很難從認知佛學到認知基督。

濟群法師：多數人對佛教的信仰，只是停留在求求拜拜的層面，對深奧的智慧缺乏了解。單純從表面上說，基督教受到過現代西方文明的洗禮，在人間溫情、福利方面很能吸引人。而且基督教也是一種健康的信仰，勸人爲善，有愛心，又能有一個終極歸宿。不管這個歸宿是否究竟，但從現前來說，你總能心安理得地面對自己。如果對信仰的思考不是很深，這樣一種信仰也可以。

正念禪修

姚映佳：有沒有什麼法門，讓我在面對自己時，可以更快進入和自己對話的狀態？

濟群法師：有方法。中國人過去講修身養性，立心立命，但中國哲學對心性問題講得不是很透徹，就成了個模糊籠統的說法。

比如你做設計，必須了解打造一個空間要用哪些元素，怎麼搭配更好。作爲生命這個產品來說，有魔性，有佛性；有善心，有不善心；有負面心理，有正向心理。學習佛法智慧，你就能認識哪些是負面心理，會給你帶來困擾，帶來傷害；

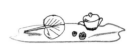

哪些是正向心理，會給你和世界帶來利益，帶來快樂。

這些心理的產生是緣起的，與各種條件有關。比如我們的認知，就和心理有密切關係。有人思考問題偏於負面消極，就容易產生煩惱；有人思考問題更爲正向、積極，就能不斷培養良性心理。這些心理會累積爲一種常態，形成性格乃至人格。

現在風靡世界的正念禪修，首先是培養專注力，把心帶回當下，不讓它到處遊蕩，變成不受控制的力量。當心靜下來，就可以培養覺察力，看清自己到底在想什麼，到底要做什麼。這種內觀力量是生命本身具備的。

姚映佳：內觀。

濟群法師：有了內觀的力量，你就有能力來選擇並化解情緒。再進一步，是開發內在智慧，平息無明煩惱，讓內心如無雲晴空般的底色呈現出來，不再不知不覺，像在迷霧中看不清自己。禪修，就是這樣一套專門的訓練。它是有方法的，對我要選擇什麼、克服什麼、訓練什麼，非常清晰。

張峰：禪修這種問題，眞正要搞清楚的話，從哪裡開始？

濟群法師：我們建立了一套修學課程，它就是從認知入手。一個人的認知沒有改變，可能每天都會製造心理問題。慈悲沒有敵人，智慧不起煩惱。當你帶著慈悲心去看世界，就不會有敵人；當你能用智慧去看世界，很多問題就不是問題，因爲你看到的是本質。每個人都是自己情緒、認知的累積，由自我感覺構成了你的認知。這些認知恰恰是你的有色眼鏡，當你戴著這個眼鏡，所見並不是世界的如實呈現。

佛法正是幫助我們如實看待世界，而不是活在個人感覺中。在佛法看來，感覺是很自我的東西，人很難跳出自我的感覺。這個自我又伴隨三種感覺，即自我的重要感、優越感、主宰欲。多數人都在爲這三種感覺活著，很累。

姚映佳：在商場中，有的人非常強勢，會帶來一個短期結果，或者叫他能主宰的結果。這時候，剛才您說的慈悲，是我們從弱勢的角度來禮讓？還是我也強勢？在這個過程中，如何把關係處理好？

濟群法師：強勢和弱勢，只是一種情緒，一種表達方式。其實一個人做得好不好，靠的是實力，而不是其他。不論強勢還是弱勢，很容易產生對立，不利於社會和諧，也不利於解決問題。在互聯網時代，你需要建立開闊的視野、良性的緣起，而不是靠感覺上的強勢或弱勢。

當然在商場上，我們還要做正當的努力。努力不是和別人爭，和別人比，而是了解整個市場的情況，再突出自身優勢。當你不斷做正當努力，就可能出類拔萃。所以最終靠的是實力，沒有實力的競爭是不長久的。

姚映佳：在一定程度上，就是因緣因果。

濟群法師：這叫因上努力，果上隨緣。成功靠什麼來支持？如果你有實力，走正當途徑，不競爭一樣會出類拔萃。不帶著競爭的心態做事會更輕鬆，因爲當你陷入競爭時，就會失去平常心。

姚映佳：如果沒有這樣的實力，就不要起那個緣，是不是？那個東西可能本來就不是你的。

濟群法師：對。

善勇：我曾經兩年沒有工作，去阿蘭若見師父。師父開示：做些力所能及的事。這對我的幫助特別大，然後我就接到愛奇藝提供的工作機會，從執行製片人一直做到今天。就是那個力所能及，幫我把心態放平了。當你心態平和，能力就會顯現，自然可以做更大的事。

設計讓世界更美好

濟群法師：設計可以讓城市變得更美好，讓世界變得更美好。我們需要什麼樣的城市？我曾受TED邀請做過一個關於城市的講座，其中談到：中國現在的城市建設是依據什麼文化？

姚映佳：更多是依據西方文化，而不是中國文化。

濟群法師：中國人住在西方的文化環境裡，能不能安頓身心？爲什麼現代人這麼焦躁，其實跟住的房子有關係。

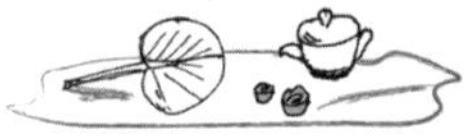

姚映佳：場對我們的影響不能忽視。

濟群法師：對，影響很大。建築本身也是一個生活用品，除了功能、佈局，風格也很重要，要體現一種精神境界。但現在很多建築沒有精神，沒有境界，其實就是個籠子。很多設計師不太重視客戶思維，只考慮自我的感覺——我要創作一個作品，卻沒想到這個作品是給人用的。

而禪意設計是從環境、空間、生活用品到生活方式，去傳承東方天人合一、回歸自然的思想，可以引導人們安頓身心，建立一種靜心慢生活。

姚映佳：您講完之後，我又有了新的目標。我想，今天我是領了任務回去的。

濟群法師：禪意設計可以引導健康生活，以及社會發展的方向。近幾十年來，大家都在追求物質生活，社會越來越物化，好像物質豐富就能過得幸福。未來，人們需要返璞歸眞，回歸自然，過一種有品質、有內涵、可以安頓身心的物質生活，那就離不開禪意設計。包括禪意空間的打造，禪意生活用品的設計。

爲什麼無印良品、宜家等品牌現在很受歡迎？就是代表一種質樸、有節制的生活。包括網紅李子柒會那麼火，也是代表人們對某種生活的嚮往。快節奏的現代生活使人越來越焦躁，而空間設計會影響到人的內心，所以我們很注意打造這麼一個場，一個氛圍，人走進來，自然就會慢下來。

姚映佳：您剛才說到禪意設計，我有一個初步想法，正好彙報一下。之前我也想過類似問題，但沒上升到禪意設計的高度。比如日本有些白領很辛苦，下班之後只能住膠囊旅館，雖然空間特別小，但並不太難受，我覺得這就是設計的量和一些基本生活方案。中國人口基數這麼大，我原來想從這個角度做點什麼。聽您說了之後，我想可以把這個細化一下，構建一個金字塔型的、針對不同人群的禪意設計。

濟群法師：禪意設計的特點是低調、樸素、有內涵，所以從設計到整個空間的打造，成本並不高。比如我們用的這些材料，地上就是每平米幾十塊錢的磚。在整個景觀中，一是用本地的紅米石牆，構成一個大氛圍；一是用大量碎石，給人感覺很純淨。此外，還用了大量青苔，再加上草坪、木平台。

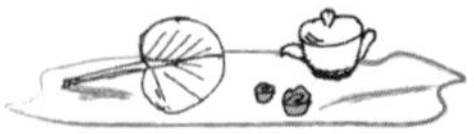

最初，我們找了個設計師做景觀設計。我提出的要求是：不要像日本寺院，太精緻；不要像園林，文化氣息太濃；也不要像公園，太大眾化。但它們的優點我們都要，做到自然不粗野，人工不造作。他說沒辦法做，後來就我們自己做了。

姚映佳：您的要求概括得特別好。從設計角度來說，這是非常難的，不是技術問題，而是認知問題。

濟群法師：我們這些景觀做起來其實很容易。你看門口這片景觀，是「玄奘心路」的實踐基地。廣場有塊五噸多重的石頭，是從敦煌運過來的。前段時間，我們在此舉辦「玄奘心路」的活動，引導他們從玄奘的地理之路走向心靈之路。我們花了三天時間，鋪草坪、打碎石、種樹。我們做這個東西，不精緻，不複雜，只要規劃一下，哪裡放草坪，哪裡放碎石，所有義工都能參與。

平台和草坪是公園的元素。我們這裡有好多木平台，在山邊、湖畔，很開放，坐得特別舒服。但草坪還是偏人工一點，青苔更自然，所以我們使用了大量青苔，又省錢，做出來又很有味道。然後再加上流水、柴門作爲點綴。

姚映佳：師父開示了整個設計的核心價值，叫安頓身心。

愛是什麼？

姚映佳：最後想問一個比較大的問題，就是愛。有很多關於愛的成語和描述，但在現代社會對愛的定義，和以前相比，又有了很多新的變數。如何在紛雜的世界中，更好地面對這個最重要的字？

濟群法師：愛，從個人、家庭到社會，有不同的定義。從個人來說，是帶有貪的成分，隱藏著一種佔有，一種黏著，一種依賴，一種要求。很多文學作品把它寫得很美好，比如牛郎和織女、梁山伯和祝英台、羅密歐和茱麗葉。因爲人的生命中有這樣一種需要，就容易被歌頌。但愛情本身又要接受社會的考驗。從儒家來說，仁者愛人，就包含了家庭倫理和社會責任。從宗教層面來說，基督講博愛，但這種博愛也有其局限性，還是有「我」的。佛法講的大慈大悲，必須無我地關愛一切眾生，境界更高。

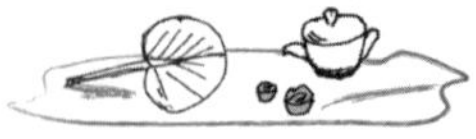

也就是說，愛包括有我的愛、無我的愛；狹隘的愛、廣大的愛；染汙的愛、沒有染汙的愛；佔有的愛，不佔有的愛；有要求的愛、沒有要求的愛。每一種都代表不同的境界。對凡夫來說，愛往往和貪有關，和恨有關。很多文學、影視作品中，把愛和恨兩個字去掉，可能就沒人看了。

姚映佳：可不是，小時候看武俠小說，除了看打打殺殺，就是看男男女女。

濟群法師：對，愛裡加一點恨，恨裡再加一點愛。佛陀以他的大智慧，用「貪瞋癡」三個字，對人心作了高度概括。貪，就是貪愛、黏著；瞋，就是仇恨、對立；癡，就是看不清眞相，愛得死去活來，恨得昏天黑地。這就是凡夫的世界，活在這三個字中，看不清生命的眞相，是很辛苦的。

姚映佳：西方好像叫七宗罪，這跟佛學有淵源嗎？

濟群法師：貪瞋癡代表凡夫生命的三個特質，佛教稱三毒，就像電腦的病毒一樣。每個生命都有這三種病毒，演繹出人生的種種煩惱和痛苦。比如嫉妒、瞋恨、焦慮、恐懼，所有負面情緒都是由這三種煩惱演繹的。

姚映佳：我有時擔心別人受冷落，會很主動地營造一個氣氛，難免也會累。您覺得，我是應該聽從自己本性呢，還是要爲別人付出這些責任呢？

濟群法師：有這樣一個用心，照顧別人的感覺，也很好。但人的交流方式不是一種，兩個人說得很有氣氛，是一種方式；兩個人靜靜地待著，也是一種方式。如果對方習慣了你的熱情，你哪天不熱情了，他還可能失落。所以度要適當把握，這樣我們也不累。

姚映佳：不要累到自己。

濟群法師：有時太熱情了，對方也可能會累，覺得是一種負擔。

姚映佳：對，有時距離產生美。

濟群法師：把握好這個度，對方需要的時候，我們就幫一下。

姚映佳：我遷就別人挺多的，爲了一些結果，會遷就、妥協。

善勇：我們倆聊做電影，也是妥協的藝術，到最後它可能根本不是你想要的東西。

濟群法師：遷就會比較累，因上努力就行了。世界不是你想怎樣就能怎樣，在這兒生存，你需要不斷調整自己。但調整不一定都是壞事，它會讓你更加相容，讓更多人接受你。

姚映佳：明白，那我就釋然了。

濟群法師：把不利因素變成有利因素，關鍵還在自己怎麼調整。很多時候，事情不是一定要怎麼樣。覺得一定怎樣才是對的，也是個人的一種認定。

14

認識自我的意義

—— 二〇一六年秋講於廈門大學科藝中心

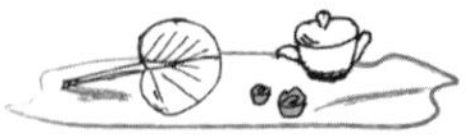

人生在世，什麼關係才是最重要的？我覺得有三類：一是人與人的關係，二是人與自然的關係，三是人與自我的關係。儒家重視人與人的關係，強調君臣、父子、兄弟、夫婦、朋友五倫，並以忠、孝、悌、忍、善做爲相處的準則。西方文化探討人與宇宙的關係，關注人對自然的認識，進而加以征服。佛法則是以認識自我爲核心，認爲只有看清人與自我的關係，才是人與人，乃至人與自然和諧相處的前提。

一個人如果看不清自己，就難以降伏其心。這樣的人，自然不容易接納他人，善待他人。儒家講究人倫，幾千年來，對中國民眾和社會有著巨大影響，滲透到生活的方方面面。但我們也看到，當倫理不是以對人性的認識爲依託，又缺乏公共道德爲約束時，人際關係反而變得複雜，甚至虛僞。一方面，人們視人倫爲面子，多少需要顧及；另一方面，又視人倫爲負擔，不願眞正奉行。所以一般人在與人相處時，更在乎的往往是做給別人看的表面文章，於人於己都沒有眞實利益。在物質高度發達的今天，這種人倫的空洞化，使利益趁虛而入，成爲人與人之間重要甚至唯一的連結，所謂「沒有永遠的朋友，只有永遠的利益」。

西方文化強調二元對立、主客分離，以人類爲主體，世界爲客體。人對世界的認識，無非是爲了使之更能爲自己服務。所以這種探索往往淪爲單向、短視且不計後果的，在資源被大量開發和利用的同時，也造成生態環境的急劇惡化。

今天，我們常常感慨「現在的人怎麼了，社會怎麼了」，抱怨「不是我不明白，這世界變化快」。是的，人與人之間有著前所未有的疏離、防備和敵意，而人對世界的破壞，也到了難以逆轉的地步。爲什麼會這樣？原因固然很多，但根源在於，不能處理好人與自我的關係。我們不了解自己，沒能使自己成爲具有健康心態和品質的人。這些充滿迷惑和煩惱的個體相遇時，必然會因迷惑而相互糾纏，因煩惱而彼此衝突。更進一步，還會引發團體、民族、國家之間的對立。所以說，由認識自我造就健康人格，提升生命品質，對未來社會極其重要。只有這樣，才能從根本上改善人與人的相處，修復人與自然的裂痕。

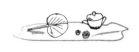

認識自我的重要性

說到「認識自我」，有人可能覺得是形而上的觀念，是哲學、宗教才會關注的。事實上，這也是現實人生的重要問題，關係到一個人的學習、工作等各個方面。

學習方向

在學習過程中，我們需要認識自己，發現自己的先天稟賦和愛好是什麼。尤其是基礎教育以外的部分，這兩點尤其重要。因爲稟賦讓你站在更高的起點，可以使你領先一步；而興趣是最好的老師，可以成爲持續的動力。

從佛法角度看，生命是無盡的累積。我們來到這個世界，只是今生的開始，但並不是一張白紙。在此之前，我們還有著無窮的過去，做過很多事，學過很多知識，擁有過很多能力，這些都會成爲現在的起點。如果了解自己的稟賦在哪裡，是擅長科學、管理，還是人文、藝術，再選擇喜愛的專業，接受相應的教育，成長必然更快，人生更不容易留下遺憾。

當然，這種認識並不簡單，更不是隨心所欲的選擇。尤其在心智還不成熟時，未必知道自己擅長什麼，愛好的方向也會出現變化。所以我們需要保持開放的心態，在實踐中多方嘗試，反覆探索。若能遇到指點迷津的伯樂，更會有事半功倍的效果。有些人擔心自己會輸在起跑點上，其實道路不止一條，人生也不止起跑，而是生生不息的接力賽跑。所以最重要的，是找到屬於自己的道路。

工作選擇

踏入社會，同樣需要認識自己，才能確定發展方向。很多學生畢業後，不知將來該做什麼，心中一片迷茫。還有很多人想創業，也是面臨種種選擇，患得患失。

究竟做什麼更適合自己？更容易成功？首先必須了解，什麼是自己的長處，什麼是自己目前擁有的條件，什麼是自己的理想所在。然後才能結合社會需求，找到相應定位，否則就容易高不成低不就。事實上，這正是目前很多人的現狀。包括惡性競爭和躺平，都是對自己認識不足造成的。

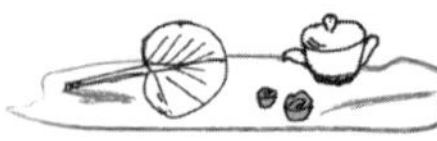

如果對這些問題有清晰的認識，就能審時度勢，有步驟地次第前行。因緣不具時，可以自我充電，蓄勢待發；因緣具足時，立刻把握時機，正所謂「機會都是留給有準備的人」。如果只是盲目地競爭，必定會後繼乏力，甚至造成身心受損。社會上過勞死和猝死的年輕化，有很大原因就是出在看不清自己，沒有量力而行造成的。而沒有目的地隨意躺平，更是在蹉跎時光，浪費難得易失的寶貴人身。

心理治療

近年來，隨著心理疾病的增多，越來越多人開始重視這個問題。過去，人們以爲只有明顯異於常人的「瘋子」才需要治療。現在發現，養心和養身一樣，要學習相關知識，在疾病尚未出現前加以防範。同時還要定期體檢，在疾病初起時及時干預，否則就會積重難返。我們必須關注：自己有哪些負面心理？人格存在哪些障礙？如果缺乏認識，不僅會延誤治療時機，還會使治療出現偏差，治標而不治本。

怎麼從根本上解決心理問題？我們知道，心理學起源於西方，迄今只有兩百多年的歷史。而佛法自古就被稱爲心學，不僅對心性剖析透徹，還涵蓋了不同層面的需求，所以在兩千五百多年的流傳過程中，被無數人奉爲修心指南。依此踐行，既可調整心行，建立健康心態；還能明心見性，徹底斷除煩惱，具有養心、治病、根除病因等多重功效。

相較之下，心理學只是解決貪瞋癡過度發展導致的疾病，而把貪瞋癡本身視爲正常心理。事實上，只要不息滅貪瞋癡，就不能解決疾病隱患。所以自上世紀以來，西方心理學界就開始吸收佛法教義，借鑑實修技巧，用於完善自身的理論建構和治療手段。

從某個角度來說，生命也是一個產品。其中有正向心行，也有負面心行。認識自己，正是透過對內心的觀照，看清自己處於什麼狀態，需要解決哪些問題。只有去除負面雜染，增長正向因素，人格才會日益健康。究竟的健康，是成就佛菩薩那樣的生命品質。

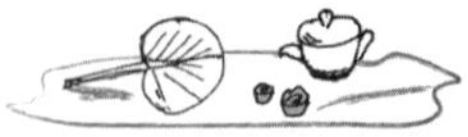

哲學思考

哲學又叫愛智，即愛智慧。相對日新月異的知識來說，智慧關注的不是現象，而是本質，包括對世界本質的認識，對生命本質的認識。其中最根本的，是對自我的認識。所以古希臘哲人早在三千多年前就指出——認識你自己。

如果不認識自己會怎樣呢？希臘神話中有個史芬克斯之謎，有個怪獸每天在路口問人：什麼東西早上四條腿，中午兩條腿，晚上三條腿？如果猜不出，就會被怪獸吞吃，很多人因此送掉性命。後來，伊底帕斯王子說出了答案，那就是「人」。因爲人在嬰兒時手足並用，像四條腿；長大後站立起來，是兩條腿；老來又撐起拐杖，像三條腿。

這個故事的深意在於，如果一個人不了解自己，將付出最慘痛的代價。可能有人覺得，這不過是個與己無關的寓言。但從另一個角度看，不知道生而爲人的價值，不知道自己爲什麼活著，只是渾渾噩噩地虛度時光，本質上和失去性命又有什麼差別呢？

迷和悟

佛法告訴我們，每個眾生都有佛性，即覺醒潛能。在這一點來說，佛和眾生是平等的，所謂「心、佛、眾生三無差別」。為什麼從顯現看，佛和眾生卻有著天壤之別？究其根本，無非是迷和悟。

迷，是被內心的無明遮蔽。就像我們身處黑暗時，難免胡思亂想，擔驚受怕。生命也是一樣，當我們因無明而迷失，就會製造顛倒妄想，無量煩惱。悟，就是撥開迷霧，親見本性。這是修行的核心目標，以此為基礎，才能使我們所做的一切往道上會。反之，不管做什麼都去道遠矣。對大乘學人，我們不僅要認識自己，從迷惑走向覺醒，還要自覺覺他，引導眾生從迷惑走向覺醒。

以上，從不同角度說明認識自己的重要性。從學習來說，這是成才的基礎；從工作來說，這是成功的前提；從心理學的角度，這是建立健康心理的保障；從哲學的角度，這是生而為人必須具備的認知；從佛法的角度，這是破迷開悟的關鍵。

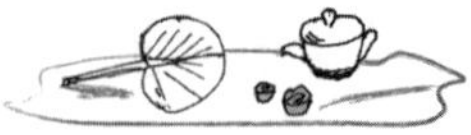

何爲自我

說到認識自己，究竟什麼代表「我」？

世人的認識

在世人的印象中，自我通常有以下幾種內涵。

第一，我們會把自我等同於自私。比如「你這人特別自我」，說的其實是「你很自私」「你只考慮自己」。在佛法看來，這種自我類似我執，是對自我錯誤解讀造成的執著。

第二，我們會以自我代表相應的身心狀態，代表某種生命現象。當我們說到自己時，是指向我的五蘊；說到某人時，是指向他的五蘊。

第三，我們會以自我體現自己和他人的區別，代表屬於自己特有的部分。每個生命都有不同的個性，都是獨一無二的存在。在西方人本主義思想中，就是透過解放個性，來實現自我價值。

第四，從心理學的角度，是把心靈當作多元、複合的系統。就像飛機能飛得起來，是由眾多零件乃至燃料決定的，不是單純靠哪個部分。自我同樣如此，不是單一的實體，而是系統的作用，由眾多因素構成它的存在。

以上，主要立足於現象層面來定義自我。

其他宗教的認識

我們知道，現象是變化不定的，身體會消亡，意識會消解。所以宗教追究的是本質性的自我，可以成爲生命的終極依賴。

基督教認爲，肉體在塵世幾十年就會結束，而靈魂是永恆的，會繼續上升天堂享樂，或墮落地獄受難。所以靈魂才是生命更本質的存在。

印度婆羅門教認爲，宇宙有一個大我，即梵我；個體生命有一個小我，即阿特曼。透過修行，可以使小我和宇宙大我融爲一體，達到梵我一如的境界。相對於現象的自我來說，大我才具有永恆的意義。

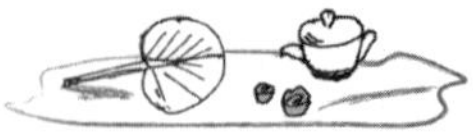

以上，代表一般宗教的看法，即肉體以外還有更高的本質。

佛法的認識

佛法對自我的認識，既關注現象，也關注本質。現象的自我，佛法的定義叫做「假我」。那本質又是什麼？我們知道，佛法和其他宗教的最大區別是「無我」，所以對本質的認識，講的是心，認爲每個人都有空明不二的心，這才是生命究竟的存在。

認識心的本質，前提是看清現象的假我。人之所以有那麼多煩惱，根源就是被假我迷惑。這個假我是沒有根基的，因爲空洞，就會四處尋找支撐。問題是我們能找到的所有支撐都是無常的，非但不能讓假我變得恆常，還會在各種變故中，轉而對假我形成衝擊，帶來煩惱和痛苦。這樣的煩惱和痛苦，又會進一步加深迷惑。

所以，對現象和本質的認識不可偏廢。關注現象的自我，是爲了去除迷惑，不被假我欺騙，從而認識本心，開啓內在的覺醒潛能。

迷失自我帶來的問題

如果不認識自己，究竟會給人生帶來哪些不良後果？

無法踏實

安全感，是現代人特別關注的。比如近年來持久不衰的「考公」（編按：報考公務員）熱，就反映了人們對安全感的執著追求。我們來到這個世界，把身體、事業、財富、家庭當作「我」的依託。但在瞬息萬變的今天，我們比以往看得更清楚，這一切隨時都在變化，沒什麼可以靠得住。生命的方向在哪裡？意義在哪裡？如果把價值寄託於外在事物，必然會覺得不踏實，覺得自己是沒有根的。

從另一方面看，隨著科技的飛速發展，人類使用的工具越來越先進，擁有的武器越來越具殺傷力。同時，人類的道德素質並沒有相應提升，人性並沒有變得健康，反而出現更多問題。這麼一來就對世界構成了雙重危險，想想全世界現存的核彈，想想

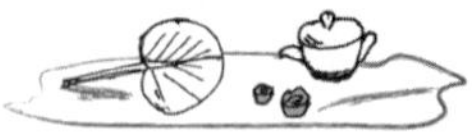

世人的對立，確實會感到當下的處境岌岌可危。在這樣的背景下，佛法智慧顯得尤爲重要。只有認識自己，我們才會知道，什麼是安身立命的所在，什麼是於己、於人、於世界眞正有益的，才不必擔心被共業的洪流帶向毀滅。

錯誤認定

不認識自己，意味著我們會對自己產生錯誤認定，這是一切煩惱的根源。執著身體爲我，就會害怕我隨著身體敗壞而消失；執著身分爲我，就要爲維護種種身分費盡心機；執著情緒爲我，就會被「我高興，我不高興」的感覺左右，顚倒妄想。不論執著什麼，必然被什麼所控制，成爲失去自由的傀儡。

生活中每天會發生很多事，這些事能對我們產生什麼影響，關鍵在於認識。從我執出發，每件事都會和我產生深度捆綁，帶來無盡的煩惱和傷害。以智慧觀照，看到一切都是緣生緣滅的，才能得之坦然，失之淡然。

迷己逐物

不認識自己，生命就會產生原始的匱乏感，不斷建立需求。伴隨這些需求，又會向外追逐。然後在追逐過程中產生依賴，在依賴過程中，需求又隨之增長，進一步強化依賴。這種依賴不僅體現在物質，也包括精神。所以今天的人幾乎沒能力閒下來，安安靜靜地和自己相處，而是讓各種電子娛樂和社交媒體占據生活、工作以外的每一分鐘，讓自己在漩渦中越陷越深，迷失方向。

這種迷己逐物，正是生死輪迴的根本。輪迴，不一定是從今生到來世，也代表心理現象的重複。有人在權力角逐中輪迴，有人在事業拚搏中輪迴，有人在財富積聚中輪迴，有人在藝術追求中輪迴……可以說，輪迴就是周而復始的希求和追逐。如果看不清自己，我們時刻會在各個領域輪迴，在自己製造的心理模式中輪迴。然後，把這些重複從今生延續到未來。認識自己，找到生命眞正的立足點，是超越輪迴的關鍵。

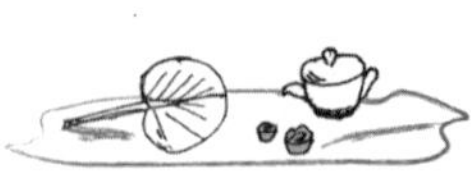

三種感覺

生存之外，人們幾乎都在追求三種感覺，即自我的重要感、優越感和主宰欲。所謂重要感，在中國傳統文化中，就是要光宗耀祖，成爲人上人。西方哲學強調個性解放，張揚個體的獨特性，同樣是在追求重要感。所謂優越感，主要是透過比較獲得的。過去，人們可參照的範圍很小，還容易獲得這種感覺。但在今天，我們隨時可以在媒體看到全世界的精英，以及他們的生活、享樂，要在這樣的參照系統中保持重要感和優越感，無疑是自找苦吃。至於主宰欲，那就更辛苦了。想想看，很多時候我們連自己都控制不了，怎麼能控制其他人？多少親子和夫妻關係，不都是因爲掌控欲惡化的嗎？世間最親近的關係尙且如此，何況其他？

那麼，這三種感覺究竟是誰的需要？其價值是什麼？如果用智慧的眼光審視，它們是經不起分析的。但我們把自己丟了，所以要借助這些感覺，來維持外強中乾的自我。

人生的價值來自哪裡？一方面，是提升生命品質；另一方面，是利益更多眾生。

如果單純追求重要感、優越感、主宰欲，即使再努力，又能得到什麼呢？重要感，會讓人平添壓力，不堪重負；優越感，會導致攀比和競爭，甚至是惡性競爭；主宰欲，則會破壞人際關係的和諧。

佛法對自我的認識

佛法中，「我」只是假名安立的觀念。那麼，佛法對自我是怎麼陳述，又是怎麼看待的呢？

我執和無我

我執，是對自己的錯誤認定，認爲生命中有獨存、不變的「我」。事實上，生命和世間一切現象一樣，是由眾多條件決定的。離開色受想行識五蘊，「我」是什麼？「我」在哪裡？凡夫因爲無明，就會把四大假合的色身，以及各種心念活動，執以爲「我」，對此產生堅固的執著，由此造業、輪迴，帶來無盡痛苦。

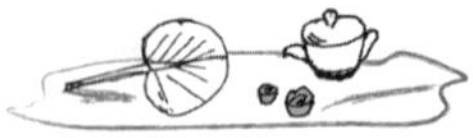

佛法中，與「我」相關的另一個觀念，是無我。說到無我，很多人會感到費解，「我」明明在這裡，會說會笑會動，怎麼就無了呢？其實佛法所要無的，並不是緣起生命的顯現，而是對自我的錯誤認知。只有撤除誤解，我們才能透過現象，找到內在的生命本質，那就是覺醒的心。

緣起的假我

緣起，即生命現象由眾多條件和合而成，主要有物質和精神兩類。所謂物質，如西醫所說的骨骼、肌肉、內臟，中醫所說的經絡、穴位等。所謂精神，如唯識講到的八識。其中前六識爲眼識、耳識、鼻識、舌識、身識、意識，是我們能感受到的部分。此外，還有我們感受不到的潛意識，即第七末那識和第八阿賴耶識，後者儲存生命延續過程中的全部經驗。我們的所思所言所行，都會在阿賴耶識留下種子，形成力量。一旦條件成熟，又會生起現行，並由現行形成新的種子。這些都是遵循因緣因果的規律在發生，由如是因感如是果，並沒有作爲主宰的「我」。

有人可能會說：既然是假我，何必要管它？何必要修行？要知道，「假」並不是沒有，所以我們餓了要吃飯，病了會難過。如果不能正確對待，這個假我會實實在在地干擾身心，給生命帶來無盡痛苦。唯識宗講到三性，就是以依他起為中心，將認識緣起當作修行的分界點。正確認識緣起，就能通達空性，成就解脫；錯誤看待緣起，則會導向煩惱，輪迴生死。所以「我」雖然是假的，但也是借假修真的重要工具。

每個人都希望成就更好的自己。什麼是更好的自己？世人往往只看到外在形象、功名利祿，也有人會內外兼修，重視興趣愛好、文化修養。但這些只是表層的精神活動，更深層的，是我們的心態和生命品質。這兩點才決定我們是什麼樣的存在，是無明、煩惱、顛倒的存在，還是智慧、慈悲、善良的存在？是自己痛苦，也給別人製造痛苦；還是自己歡喜，也給別人帶去歡喜？

我們是什麼樣的存在，取決於假我的成分。如果由不良心行組成，就會持續不斷地製造痛苦。比如那些貪心很重的人，沒錢痛苦，有了錢依然痛苦，因為他還想得到更多，永不滿足。不解決貪心的話，這種苦是沒完沒了的。就像體內感染病毒之後，

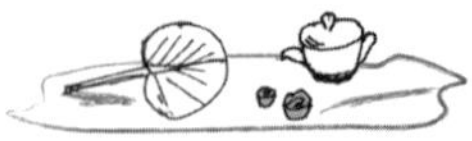

隨時都在製造問題，引發疾病。所以說，對假我的認識和改善非常重要。

覺醒的心

除了看清假我，更重要的，是認識覺醒的心。怎麼認識？法門雖然很多，但主要可歸納爲漸修和頓悟兩類。這是基於學人不同根機施設的。有些人塵垢很厚，必須「時時勤拂拭」，以戒定慧掃塵除垢，次第深入。有些人根機很利，尤其在禪宗盛行的時代，有明眼師長引導，才能在特殊機緣下令學人打破能所，直接體會本心。之所以這麼直接，乃因覺性是眾生本來具足的。雖然目前被無明遮蔽，但只要開啓它，一切現成，無欠無餘。

所以《六祖壇經》開篇就指出：「菩提自性，本來清淨，但用此心，直了成佛。」告訴我們，生命內在都有覺醒的心，這個心在凡不減，在聖不增，能生萬法，能容萬法，像虛空一樣空曠、無限，又具了了明知的作用。修行所做的，就是體悟這個與諸佛無二無別的心。這個心，禪宗稱它本來面目，那才眞正代表著你自己。

可見，佛法對自我的認識是多層次的。既關注現象的自我，更引導我們由修行體證覺性。這也正是佛法和其他宗教、哲學最大的不同。

自我的價值

一個人來到世界，怎樣實現自我價值？

解放和解脫的價值差異

西方人本主義思潮主張個性解放，由此激發創造力，實現人生價值。這是對中世紀神權統治的反抗，由此帶來科學、藝術、哲學的全面發展，以及物質文明的繁榮。但這種解放也使人的欲望被過度激發，導致一連串的社會和生態問題。

佛法修行的核心目標是解脫，和解放同樣有擺脫束縛的內涵。不同在於，解脫是建立在對心性的透徹了解之上。因爲我們當下的生命狀態還是凡夫，雖有佛性，卻隱沒不見，占據主導的，往往還是魔性，是貪瞋癡，是負面心行。如果不加辨別地盲目

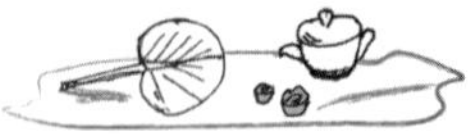

解放，很容易失去控制，泥沙俱下。

所以解脫是有特定對象的。說到解脫，我們往往理解爲從此岸到彼岸，從此世到他世，似乎是與一般人無關的宗教修持。其實，解脫的重點是解除內心的迷惑和貪瞋癡。從這點來說，每個人都需要解脫。當我們對治了一種煩惱，就能從這種煩惱中解脫；當我們平息了一種痛苦，就能從這種痛苦中解脫。進一步，還要張揚慈悲、智慧等良性潛能。只有這樣，才能實現人生的終極價值。

實現人生價值的原則

佛法所說的價值包含現實和究竟兩種，不管哪一種，都要遵循以下幾個準則。

第一是因果的準則，即價值觀要經得起因果的審視。儒家重視立功、立言，往往是從某時某地的標準而言，並沒有考慮這種功績和言教對人類的長遠意義。西方倡導個性解放，也不太關注個性被張揚後，究竟給自身和社會帶來什麼。但佛法認爲，自我價值必須經得起因果的審視。不僅要對現在有利，還要對未來有利；不僅對自己有利，還要對眾生有利，而不只是考慮眼前的個人利益。

第二是道德的準則。很多人覺得，道德只是社會的訴求，並不是個體的需要。所以大眾不遵循道德時，自己那麼做就會吃虧。但佛法認爲，我們所有的言行，乃至起心動念，都是成就生命的材料。就像蓋樓離不開磚、木、水泥等建材，身口意三業正是人格的基本材料。良性心行會造就健康人格，不良心行會形成不良人格。我們想要實現自我價值，就必須遵循道德。否則就會像劣質建材那樣，搭起一座注定坍塌的危樓。

第三是智慧的準則。理性是雙刃劍，既會爲社會帶來發展，給民眾帶來福祉，也會帶來破壞和痛苦。而智慧是對生命和世界眞相的認識，有了智慧，我們才知道什麼對生命發展眞正有益，才能從根本上改造自己。否則，連自我是什麼都看不清，怎麼實現自我價值？即便實現了一部分，也是不完整的，甚至會有種種副作用。

第四是慈悲的準則。慈悲是人格的重要組成，也是世間的溫暖所在。我們要讓自我提升，讓社會和諧，讓眾生受益，慈悲是不可或缺的。我曾在「企業家的慈善精

神」中講到，很多人把慈善等同於捐錢，其實更重要的是我們在接受相應文化後，建立慈悲大愛之心。本著這樣的愛心行善，不僅能讓對方得到幫助，還能讓自己的心態得到調整，生命品質得到提升，以此實現自我價值。

結語

世人都活在自我中，處處爲自我考慮，被自我左右，但最不了解的，恰恰也是這個我。因爲不了解，爲我所做的一切，往往會產生偏差。就像火中取栗一樣，明明想要得益，結果卻吃了苦，受了傷。可以說，這是一切問題的根源所在。所以，認識自我是人生的重大課題。

以上，從一般人、心理學、哲學、一般宗教及佛教五個角度，展開自我探討。希望透過這些解讀，尤其是佛法對自我的剖析，使大家看到認識自我的重要性，開啓美好人生，打造和樂世界。

15

家庭教育的思考

—— 二〇二一年夏講於家庭教育專項研討

當今社會有兩大問題，一是老人的精神生活、臨終關懷，一是孩子的家庭教育、健康成長。一老一小不僅關係到每個家庭，還將影響整個社會。尤其是孩子的身心素質，直接決定了他們能否獨立自主，承擔個體、家庭乃至社會的責任。可以說，有什麼樣的孩子，世界就有什麼樣的未來。

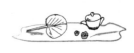

在孩子的成長過程中，除了學校教育，家庭影響是不可或缺的。父母是孩子最初的老師，也是一以貫之、陪伴最久的老師，他們的爲人處世，營造的家庭氛圍，時刻起到言傳身教的作用。儒家重視修身、齊家、治國、平天下，其中又以修身爲本。爲人父母，必須具備健全的人格，才能安老扶幼，給家人從物質到精神的全面支持。

怎麼造就人格？二〇一八年，「世界哲學大會」在北京召開，來自全世界的幾千名哲學家和學者參加，主題是「學以成人」。因爲一個人出生後，只能稱爲「自然人」，要成爲眞正意義上的、能履行社會角色和相應責任的人，還需要進一步接受教育。

中國傳統文化就是關於如何做人的教育。在這一教育中，家庭是重要環節。中國古代特別重視家的作用，以此爲維繫社會穩定的基本單位。進一步，擴大爲宗族、國家。以前的家庭比較大，三代甚至四代同堂，人們既重視儒家倫理，同時有一定的佛法信仰，對因果報應、與人爲善、慈悲爲懷等思想耳熟能詳。在這樣的環境中成長，無形中就會得到滋養。可以說，家庭就是儒釋道文化的載體。

家庭教育的困擾

五四運動以來，國人開始崇尚西學，傳統文化受到忽略甚至批判。而在其後的特殊年代，傳統文化又被作爲四舊掃除，幾近空白。改革開放後，經濟浪潮洶湧而來，學校主要以傳授知識、技能爲重，基本不涉及如何做人。受其影響，家庭教育也變得急功近利，目標是「不讓孩子輸在起跑線上」。這個起跑線是什麼？是分數、考級、競賽、才藝，就是沒有做人。而在整個成長過程中，父母在意的無非是學業、就業、事業，無非是怎麼出人頭地，依然沒有補上做人這一課。

當這些孩子長大後，同樣要成家立業，結果會怎樣呢？不少人還不知道家庭責任是什麼，就成家了。這樣的家庭會穩定嗎？尤其是現代人，從小習慣於眾星捧月式的服務，眼中只有自己，往往一言不合就分開了。還有些人覺得孩子是維繫婚姻的紐帶，急於爲人父母，卻沒想過自己心智尚未成熟，怎麼承擔養育之責？又會給孩子什麼樣的影響？古人說「養不教，父之過」，這個教，除了教孩子讀書謀生，關鍵是教他們怎麼做人。

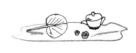

過去，家庭是有相處規則的。我們知道儒家特別重視倫理，其實佛教也不例外。《善生經》就講到，每個家庭成員都有各自的承擔，比如怎麼做父母、怎麼做兒女、怎麼做丈夫、怎麼做妻子，各安本位，上慈下孝，才能和睦共處。這既要靠言教，即文化學習；又要靠生活中的傳幫帶，在耳濡目染中，讓孩子知道做人有哪些責任，怎樣具體落實。遺憾的是，今天的人在這兩方面都很欠缺，導致了種種問題。

孩子是未來的希望，對他們的正向引導，既是父母應該關心的，也是社會需要關注的。基於家庭教育存在的困擾，一些有識之士開始從傳統文化中吸收營養，多方探索，比如《弟子規》的傳播等。這些做法也帶來不同的聲音：一方面，其中的行爲規範是否適合當代？另一方面，如果純粹是行爲要求，缺少相關認知，就無法轉化爲內在自覺，是否與教育的初衷相違？

在文化傳承的問題上，佛法早就提出契理契機的原則：既要忠實本身的思想傳承，不偏離，不變味；又要契合時代和地域的需要，作出適合當下的詮釋，適合此時、此地、此人的表達，才能使傳統煥發生機。這個原則同樣適用於其他文化的傳承。

今天是資訊空前發達的時代，爲我們提供了開闊的視野，同時也使家庭教育的問題比古代複雜百倍。以前的外部環境相對單純，一個人面對的不良誘因沒那麼多，需要引導和解決的問題也沒那麼多。而在今天，處處誘惑，無孔不入，很不利於孩子的心智健康。即使有人像孟母三遷那樣選擇環境，但躲得開電視和網路嗎？

所以家庭教育的課題很多，需要把思路理出來。當然，我們無法關注所有問題，必須抓住重點，看看什麼是最根本的。同時有開放的視野，在立足佛法智慧的基礎上，借鑒儒家思想和西方心理學的長處，吸收當代的各種先進經驗，才能使我們所做

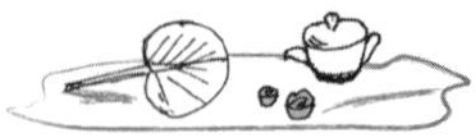

的專項行之有效，被社會廣泛接受。

立足於心性論和緣起論

借鑒不是雜燴，前提是定位清晰。如果不了解人是什麼，我們往往看不清，做事的眞正意義在哪裡？怎麼做才有益於自身成長？關於這些問題，佛法立足於生命的高度，爲我們提供了兩種智慧。

首先是心性的智慧。從某種意義上說，人也是一個產品。我們要造就高尚的生命品質，成爲身心健康、具備美德的人，就要了解人的原材料是什麼。如果不了解，怎麼造就？心性論就是讓我們認識人的組成。從人性來說，人有佛性，也有魔性；從人心來說，有普通心理，還有善心所和煩惱心所。所以生命有無限的可能，一方面，人人皆可以爲堯舜，可以成聖成賢，成佛作祖；另一方面，又與禽獸相差無幾，甚至會成爲惡魔般的存在。了解這些材料的屬性，知道它們的作用和危害，我們才能對心行加以選擇，看清發展什麼，摒棄什麼。

其次是緣起的智慧。有的哲學認爲一切是偶然的，其他宗教認爲一切是神的決定，而佛法認爲一切都遵循因緣因果的規律。無限的過去以現在爲歸宿，無盡的未來以現在爲開端。我們想要什麼樣的未來，就要從現在做起。有什麼樣的想法、行爲、語言，就會有什麼樣的心行積累，造就什麼樣的生命品質。

了解心性論，我們才知道選擇什麼；了解緣起論，我們才知道必須在因上努力，如何造就美好的生命品質，而不是一廂情願地希求什麼。這兩個理論是家庭教育和生命教育的重要支點，立足於此，我們做的一切才能「知其然而知其所以然」，才是自覺、主動的選擇。

比如一個人爲什麼要善良？如果沒有因果觀，我們可能覺得善良會吃虧，所謂「人善被人欺」。但認識到因果後，我們就知道善良不僅是外在的道德要求，也不僅是爲了別人，首先是讓自己受益的。因爲善良代表正向、健康的心理，這是建造生命大廈的優質材料。我們的行爲、品行，正是決定未來擁有什麼樣的生命品質。

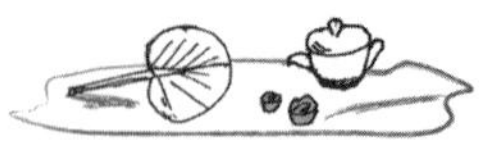

借鑑儒家和心理學

當我們有了這種高度，再把儒家的「仁義禮智信、溫良恭儉讓」放在因緣因果的框架下去認識，就能看到，這些行爲不再是單純的倫理要求，而是自我的生命訴求——因爲我希望未來更美好，所以現在要選擇善心所，選擇慈悲、智慧，選擇使生命增上的品質。反之，如果我們選擇煩惱、貪婪、仇恨，不斷張揚負面心理，將會造就痛苦、無明的生命。

如果沒有三世因果，我們往往看不到道德的眞正價值。比如有人覺得，我做了好人，即使大家都認可，也不過是幾十年。何況大家還未必認可，自己卻要付出很多，似乎得不償失。具備因果觀，我們就知道，這麼做是在成就自身品質，自己首先是受益者，而且是盡未來際地受益。我曾和嶽麓書院國學院朱漢民院長有過「如何立心立命」的對話，對相關問題有深入探討，你們可以看看。如果能從心性論、緣起論來認識儒家道德，就更容易和自己掛鉤，也更容易接受。

此外，還要借鑒現代心理學。和佛教相比，心理學是近兩百年才出現的新興學科，但在操作方法和實際應用方面確有長處，值得參考。上世紀以來，一些心理學家開始吸收佛法的教義和禪修，用於心理學的學科建設和臨床治療，這種交流很有意義。我也曾和心理學界有過多次對話，就是希望加深溝通，使佛法通過不同管道在當代社會發揮作用。

在目前的家庭教育中，孩子和父母的心理問題都很突出。有的孩子從小學就開始抑鬱，造成了不少悲劇，令人痛心。從父母來說，由教育惡性競爭、雞娃（編按：網路流行用語，意指望子成龍的中產階級父母給孩子「打雞血」，要求孩子取得好成績的行爲。）大戰產生的焦慮日益嚴重。如果不及時解決，雙方就會互相施壓，陷入惡性循環。這是必須高度重視的。我們正在做一個心理學專項，將來也會支持家庭教育，把孩子和父母作爲關注重點。

總之，我們可以充分吸收儒家、心理學的長處，但要以佛法智慧爲統攝，以安身立命爲根本。只有這樣，才能使做人的道理更有說服力，也使心理問題得到究竟的解決。

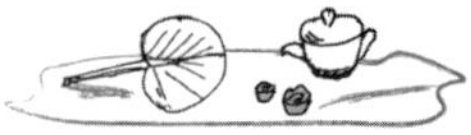

問答

問：青春期的孩子會叛逆，頂撞父母，甚至抑鬱，如何從佛法的角度看待這些問題？

答：在孩子的成長過程中，叛逆是正常的。他從沒什麼想法，到有自己的想法，其實是成長的表現。國外比較重視人的獨立性。在孩子的成長過程中，雖然生活上依附於你，但他本身是獨立的個體。父母首先要理解他，尊重他，在必要情況下給予引導，而不是要求他一味順從。如果父母習慣於孩子必須乖乖聽話，甚至把孩子當作自己的附庸，不聽話就不舒服，不接納，這種認知本身就有問題。如果孩子沒有自己的思考，心智是無法成熟的。

頂撞父母的問題，可能是一時情緒失控，注意疏導、加強觀察即可。也可能是缺乏倫理素養，不懂得如何尊重長輩、與人交流。應該以此爲契機，對孩子加以引導，這是成長過程中的重要一課。現在主要是小家庭，親友、鄰里間也少有交集，加上課業繁重，所以孩子在成長過程中的人際交流比以往少了很多。如果不從小調整，等孩子進入社會後，就不容易擺正定位，也不知道怎麼和人相處。所以現在有社交障礙的人越來越多，是需要引起關注的。至於抑鬱，輕則是情緒問題，重則是身心疾病，要根據實際情況來對待。抑鬱情緒通常和看問題的方式有關，比如有的孩子爭強好勝，一旦遭到挫折，就容易承受不起，否定自己，需要引導他們正確看待成長中的成敗得失。在這一點上，不少父母本身就有問題，對孩子一味要求，成績只能好不能差，做事只能成功不能失敗，卻不考慮孩子的實際能力。如果已經屬於疾病，除了勸慰開導，還要進一步接受正規治療。

在家庭教育專項中，我們要把父母和孩子面臨的主要問題梳理出來，從佛法和心理學等角度，提供思考和解決之道。

問：現在不少人不願結婚生子，而且離婚率特別高。針對這個問題，我們應該做些什麼？

答：這和大環境有關。過去儒家認爲「不孝有三，無後爲大」，把成家立業、結婚生

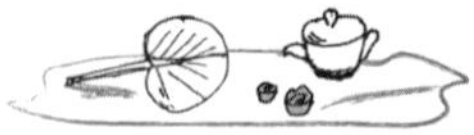

子當作天大的事，必須這麼做，沒有選擇餘地。但現代人的家庭觀念沒那麼強，輿論壓力沒那麼大，選擇就會多樣化。關於離婚率的提升，主要是缺乏共處的心理準備和生活能力。成家後朝夕相處，個人空間減少，且瑣事驟增，都是帶來矛盾的誘因。過去的家庭有主內主外的分工，現在大家都有職業，誰也不靠誰，很容易以自我爲中心，不願適應對方。當然還有倫理道德的問題，對身心缺乏約束，容易受到誘惑，破壞感情和婚姻的基礎。這需要通過相應的教育，走出自我中心，從自己永遠是對的，到學會檢討自己，隨喜他人；從想怎樣就怎樣，到學會約束自己，包容對方。

關於這個問題，我們既不鼓勵，也不反對。結婚有結婚的好處，不結婚也有不結婚的好處，關鍵是自己想清楚，怎樣才能過得開心，過得有意義。當然，已經成家的就要認眞承擔責任，讓家庭成爲道場，讓家人因爲你的成長受益。

問：作爲家庭教育工作者，自身要有什麼素養，才能更好地服務大眾？

答：面對不同家庭，問題形形色色，隨著修學的提升，才更有智慧和能力來解決問題，也不會因此帶來煩惱和焦慮。否則，家庭教育是很瑣碎的，且各有各的理，不容易處理好。

其次是有利他心。在服務大眾過程中，培養感恩、隨喜、理解、同情、接納、陪伴、關愛、引導等與慈悲心相關的素養，使之眞正成爲我們的心態和人格。具備這些素質，對方才願意接近你、信任你。

第三是熟悉家庭教育的業務範圍。我們將把這個專項形成課程，參與者要熟悉課程內容和模式，具備相應的能力和素養，知道做什麼，怎麼做。希望有一批人致力於傳承這套體系，讓它像雨後春筍一樣成長，讓更多人由此受益。

16

佛法在家庭教育中的運用

—— 二〇二四年三月，講於清邁靜心學堂

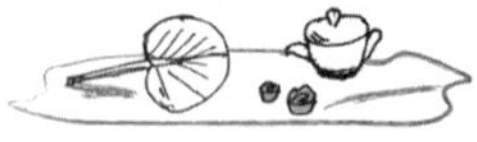

我從事教育工作三十多年，但以往對家庭教育涉及不多。近年來，看到不少信眾爲孩子的教育費心耗神，彼此都很辛苦。問題到底出在哪裡？首先和大環境有關。今天這個時代，資訊氾濫，誘惑重重，人心浮躁混亂，所以在孩子的成長過程中，充滿了各種不可控的因素。對家長來說，也面臨著以往從未有過的複雜局面。

教育孩子，不僅是家庭的大事，還是全社會的大事。因爲孩子是世界的未來，他們能否成爲身心健康的人，決定了世界能否和諧、安定。但現行教育偏重知識、技能，對於孩子應該成爲什麼樣的人，目標並不清晰。可以說，這是一切問題的根本所在。

從佛法的角度，怎麼認識一個人的成長？怎麼做好孩子的教育？我覺得，有以下幾個方面。

從因緣因果正確看待親情

身爲父母，要認清家庭關係的因緣因果，建立正確的親情觀。

所謂親情觀，即界定你和孩子是什麼關係，找到相處的定位。不少父母把孩子當作自己的一部分，一方面，全身心地投入孩子身上，甚至放棄自己的工作和愛好；另一方面，也把各種希望寄託在孩子身上，讓他們根據自己的想法活著。這就使孩子變得很被動，甚至很痛苦。若干年後，這種被動和痛苦往往又會回到父母身上。

中國有句話叫「養兒防老」，養和防，多少帶有投入和回報的意味。就像在社會上做任何事，有投入，就期待回報。當父母把所有精力和時間花在孩子身上，自己的生命將不再獨立，還會對孩子形成強大的依賴，盼著他們能出息、孝順，回報自己這份付出。

在過去的大家庭中，三代、四代同堂，因為有孝道的教育傳統、社會的公序良俗、長輩的言傳身教，孩子多半會視孝順為本分，為應盡的義務。但現在已經沒有這樣的教育和環境，當孩子工作、獨立之後，未必能如父母希望的那樣承歡膝下。所以就有了相當數量的空巢老人，如果他們沒有自己的精神追求和生活目標，把一切感情寄託於孩子身上，眼巴巴地指望孩子的反哺，很容易因此失落、難過，甚至遭受打

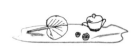

擊。

問題僅僅在孩子嗎？曾經有報導說，一對夫婦精心培養孩子，送到國外留學。孩子開始還問父母要錢，後來長達二十多年不和父母聯繫，哪怕回到家鄉也避而不見。她在接受採訪時說，以前父母對她管得太多，太不自由，看到父母怕得不得了，好不容易跑出去，再也不想見了。

雖然這個例子有點極端，但在中國，類似的現象不在少數。如果父母把孩子當作自己的一部分，一方面，孩子會活得有壓力，好像不是爲自己，而是爲父母活著；另一方面，父母也會製造無謂的煩惱，一旦孩子不能遵循自己的想法，符合自己的期待，就會焦慮、失落、痛苦。事實上，這些煩惱都是自己製造的。

所以，建立正確的親情觀特別重要。有些父母認爲，兒女是自己生的，就是屬於自己的，怎麼要求都可以。其實，每個生命都是獨立的個體，雖然血脈連接，但並不意味著，誰是誰的一部分。有個對聯叫「夫妻是前緣，善緣惡緣無緣不合；兒女是宿債，討債還債有債方來」，不論成爲夫妻，還是父母兒女，一定有深厚的業緣，但未必都是善緣，也可能是惡緣。

生活中可以看到，有的孩子不必父母費心，就能自覺學習，成績優秀，長大後還百般孝順；也有的孩子從小就讓父母操碎了心，最後卻問題重重，甚至殺父弒母。其中的原因很多，也包含前緣，只有成爲一家人，才有更多機會來報恩或報怨，討債或還債。

總之，我們要從緣起看待親情，而不是從我執出發，以親情捆綁彼此。基於這個定位，心懷感恩，珍惜今生相聚的緣分，尊重孩子作爲生命個體的自主性，並在當下繼續創造善緣。這樣的話，往昔的善緣可以增上，惡緣可以改變。陪伴孩子成長的同時，父母也能從中受益。

在這個問題上，西方教育比較重視孩子的獨立。一旦成年之後，孩子是孩子，父母是父母，可以陪伴、關愛，但不占有、索取。這點值得借鑒。如果我們在教育孩子的過程中，建立獨立、平等、尊重的關係，而不是過分的干涉和依賴，那麼，隨著孩子的獨立，自己依然可以保有獨立的人格，就不會因孩子離開而空虛失落，百無聊

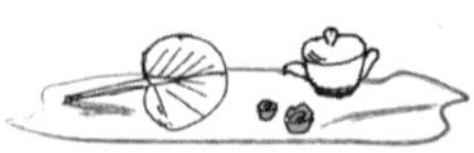

賴。

反之，如果把孩子當作自己的一部分，讓孩子產生依賴的同時，也會對孩子產生依賴。這種強連結不僅使彼此被動，也不利於孩子的健康成長。比如全家圍著孩子轉，有求必應、百依百順，就會使孩子形成自我中心的串習。以後帶著這樣的慣性走上社會，不懂得尊重別人，就很容易受挫。

這種過分關注又會導致驕縱。比如上學接送、陪做作業、各種事務大包大攬，結果造成不少精神的巨嬰、生活的低能兒。這種現象非常普遍，引起很多教育、心理、社會工作者的關注和反思。在我們的鄰國日本，不少孩子從小就自己背著書包上學，冬天穿短褲，冷水游泳，身心都能得到鍛煉。

所以說，眞正的愛是要有智慧的。這就必須以正確的親情觀爲前提，而不是憑著自己的感覺一味寵溺，或強加於孩子。

親子教育中的孰輕孰重

在孩子的教育過程中，什麼是重要的，什麼是次要的？或者說，你希望孩子長大後，具備什麼樣的能力和素質？我想到了幾點。

一是心態，樂觀、積極、充滿陽光，而不是悲觀、消極、冷漠無感。二是品行，善良、大度、有愛心，而不是自私、貪婪、瞋心重，甚至道德敗壞。三是健康，注重鍛煉，飲食有度，而不是小小年紀就虛弱無力，或營養過剩。四是能力，愛好眾多，具有藝術素養，而不是除了功課外一無所知。五是成績，主要指學業的分數。

如果對這五項排序，你會把什麼排第一位，什麼排第二位？可能多數父母關心的是成績，關心考了九十分還是一百分，在班級、學校排第幾名。也有父母希望孩子實現自己的願望，自己沒機會做到的，想要孩子做到，強迫孩子學鋼琴、學畫畫，結果把興趣變成壓力，引起孩子的逆反。還有父母把孩子當作面子的一部分，只關心孩子有沒有給自己爭光。

這些外在因素又會帶來比較，使不少父母習慣用「別人的孩子」爲座標：你看誰

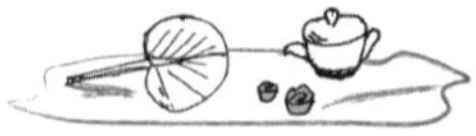

誰誰考得多好，能力多強。殊不知，這種對比很容易讓孩子產生壓力，帶來焦慮、自卑等心理問題。如果不能及時發現並疏導，而是繼續施壓，孩子往往會在不良情緒中越陷越深。近年來，常聽到孩子因爲焦慮而厭學，引發抑鬱、自閉，甚至走上絕路的消息。

事實上，很多悲劇是可以避免的。所以父母在教育孩子的過程中，一定要看清什麼才是對孩子成長眞正有益的。就像很多人不關心健康，生活沒規律、飲食無節制，直到把身體拖垮，才發現，沒有健康就沒有一切。而曾經犧牲健康換來的財富、地位，此時卻不能再爲你換回健康。父母對孩子也是同樣，對以上所說的心態、品行、健康、能力、成績，心中要有一個排序，知道抓重點，而不是問題顯現後才懊惱，因爲可能連補救的機會都沒了。

之所以有這些偏差，是因爲很多父母自己就沒受過相關教育，具備相關理念。過去，儒家的教育重點就是學習怎麼做人處世，怎麼建立三觀，具體在後面會說明。但現行教育缺乏這些內容，很多人糊里糊塗就長大了，成了父母，自然不知道怎麼教育孩子。只能跟著社會潮流，大家追求什麼，也去追求什麼。

有句話叫「不能讓孩子輸在起跑線上」，這讓相當一部分父母積極行動了起來。既然不能輸，就得提前跑，結果使起跑線逐步提前，從中學到小學到幼稚園，甚至到嬰兒班。所學的，不過是把相關內容提前一點而已。這樣的教育能帶來什麼？很多時候，只能使孩子從小就背負壓力，連應有的童年樂趣都被剝奪。等一路跑到眞正應該投入學習的大學階段，早已疲憊不堪，失去動力了。

孰輕孰重？是作爲父母必須認眞思考的。這樣才能給孩子有效的引導，使他們在正確的時間，站到眞正的起跑線上。尤其是人工智慧時代到來後，我們現在所學的很多知識，培養的工作技能，正在快速地被淘汰。未來，可能八成的工作將被人工智慧替代。在充滿變數的未來，孩子如何才能安身立命，處於不敗之地？

很多人沒有信仰也缺乏精神追求，工作不僅是生存所需，還是用來打發日子、出人頭地、實現價值的途徑。可以說，工作就是一切。但要不了多少年，有些我們引以爲豪的能力，人工智慧秒會且遠遠勝出。除非你特別優秀、特別有創造力，無法被人

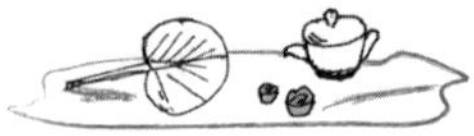

工智慧取代，否則，大量普通工作恐怕是朝不保夕的。

所以未來的人可能分兩類，一類是有精神追求，不論世事如何變幻，都能自洽、自足、自得其樂；另一類是沒有精神生活，面對魔幻的世界，就會迷茫、混亂、找不到方向，根本不知該怎麼活。這些人一旦遇到挫折，很可能會抑鬱、焦慮，甚至做出危害社會的事。

尼采在一百多年前說過：「上帝已死，要重新估量一切的價值。」對於今天的人，同樣需要重新估量自己，估量一切。因爲我們過去的價值、意義、幸福，全都建立在物質世界，但這個世界已飄搖不定。爲什麼現代人有了遠超以往的生活條件，卻如此迷茫、焦慮、缺乏安全感？就因爲我們曾經依賴的世界充滿著不確定，並以肉眼可見的速度在坍塌、崩解。可以說，「見證歷史」已成爲常態。

在滾滾而來的時代洪流中，怎麼才能站穩腳跟？必須具備擁抱無常的心態，而不是活在自己的設定、期待和執著中。這就需要傳承東方文化，尤其是佛法智慧，才能以不變應萬變，在積極入世的同時，保有出世的超然。這樣的心，將比外在的任何分數、能力更爲重要。

從生命緣起認識教育關鍵

企業要打造出優質產品，需要精心設計。但我們是否想過，生命也是一個產品？我曾在上海一個叫「廂」的空間講「覺醒的藝術」。談到一個問題：你的生命是普通產品，還是經過設計的藝術品？在此，我也想問問大家：你爲什麼會成爲現在這樣的人？是精心打造的結果，還是糊里糊塗地，被社會潮流裹挾著走到今天？我們每天的所思、所言、所行，對自己的生命有多少價值？能不能使之得到提升？

事實上，許多人的存在就是一大堆混亂情緒，再加上一大堆錯誤想法。一天又一天，一年又一年，只是在碎片化的情緒、想法中忙忙碌碌。爲什麼會這樣？就是因爲無明，因爲看不清生命和世界的眞相。如果沒有佛法智慧，沒有善知識引領，我們只能在現有的認知模式中，跟著感覺，走到哪裡算哪裡。這種存在其實是一種被存在，是被串習推動的結果。

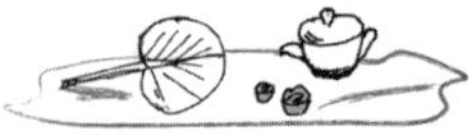

佛法是人生的大智慧，告訴我們，生命是無盡的累積，包括思想的行爲、語言的行爲、身體的行爲。我們每天在想各種問題，說各種話，做各種事，這些思考和言行發生後，不僅會產生社會效應，還會在生命中留下痕跡。之所以產生這些思考和言行，有來自家庭的影響，也有來自教育、工作、社會、親友的影響。所有這一切的共同作用，使我們成爲今天這樣的人。

從佛法角度看，生命不是從今生才開始的。我們來到這個世界，也不是一張白紙，而是帶著往昔的積累。今生的身語意行爲，又會形成當下的生命積累，推動我們繼續輪迴。生命就像河流，從無盡的過去一直延續到無盡的未來。這種延續可能是不知不覺，也可以是有意識的。只有接受佛法智慧，了解生命的因緣因果，我們才知道其中有哪些元素，應該發展什麼、捨棄什麼。

正因爲生命來自往昔的延續，所以每個孩子都有不同的天賦。古人說「書到今生讀已遲」，爲什麼？如果現在開始，哪怕幾十年中不斷積累，和生生世世都在讀書的人，還是沒有可比性的。包括世間很多神童，比如莫札特幾歲就能作曲，展現超乎尋常的才華，這都不是普通人可以企及的。

除了這些特例，其實每個人都有不同長處。有的人比較感性，有的人比較理性；有的人擅長文科，有的人擅長理科；有的人擅長藝術，有的人擅長研究。所以，發現孩子的天賦和興趣特別重要。

在這個問題上，父母往往比較主觀，只想到「孩子應該有什麼興趣」，卻不顧及孩子有哪方面天賦，到底喜歡什麼。其實，天賦才是一個人高於他人的起跑線，也是發展的優勢所在。當然興趣也很重要，有句話「興趣是最好的老師」。有興趣，學起來就會樂在其中，有源源不斷的動力。

發現孩子的天賦和興趣，爲此創造條件並適當引導，就能讓學習變成自覺的行爲。否則，不管孩子是否喜歡，一廂情願地要求孩子成爲什麼樣的人，具備什麼樣的能力，孩子只能被動地接受灌輸，就會疲累、痛苦，甚至因爲壓力而崩潰。這樣的情況下，家長也會很累、很痛苦。

西方教育很重視學生的創造力，在座各位來清邁當陪讀父母，應該和這裡的國際

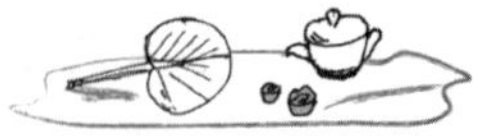

學校有關。當孩子在自由的學習環境中，心可以很開放，很鬆弛，創造力才會被激發。在未來的世界，很多知識是不需要學習的，人工智慧都會，更需要的是創作。雖然人工智慧也會根據指令生成一些「創作」，但那只是拼貼而已。眞正的創作，是原於本心，是來自於生命的無限潛能，這是人工智慧無法具備的。

建立良好的教育生態環境

教育是全方位的，我們要了解影響孩子成長的相關因素，建立良好的教育生態環境。其中主要有三方面，首先是父母，其次是社會，第三是學校。

家庭教育

父母是孩子的第一課堂，從某種意義上說，對孩子的影響也最大，是教育的第一責任人。現代社會重視胎教，其實，中國古人早在西周時期就發現胎教的重要性，提出了孕期起居、行爲、調心等各種注意事項。作爲父母，從行爲到起心動念都會對胎兒產生影響，所以要時時保有善念，不動瞋心。周文王的母親就被奉爲胎教典範。

所以要在家中營造一個溫馨、良善、正向的環境，這對父母和孩子都很重要。當孩子來到世界時，雖然帶著自身的生命資訊，但也需要適應當下的環境。最初接觸的，就是父母對他每一個動作的回饋。比如孩子一哭，是馬上去哄，還是繼續觀察一下；是每天抱著，還是該走的時候讓他走路；是呵護備至，還是讓他儘早獨立。其中都包含著教育，也是孩子最初的、接近本能的教育。就像動物在接觸自然界的過程中，父母也會用種種方式，讓孩子知道，在什麼情況下，應該做什麼，不能做什麼。

懂事之後，還要接受文化的薰陶。過去，海外華人對這方面很重視。我在澳洲、歐洲見過一些華人家庭，還會沿襲傳統習俗。比如父母站著，孩子不能坐著；吃飯時，父母沒吃，孩子不能先吃。相比之下，國內反而不太有這些做法。可能海外華人離鄉背井，這些習俗會讓他們與故土產生精神連接。

更重要的，是父母的觀念、待人處事，以及對孩子的要求。無形中，就是對孩子的言傳身教。你看重的是成績、能力，還是心態、品行；你是有責任感、富有愛心，

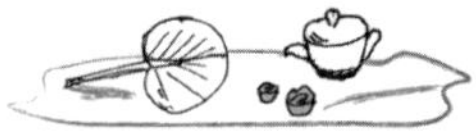

待人寬厚，還是自私自利，覺得「人不爲己，天誅地滅」。這些都在給孩子傳遞三觀，成爲孩子成長的風向標。

有人說，孩子就是父母的鏡子和影印機，父母身上的優點和缺點，都可能在孩子身上呈現並復刻出來。所以作爲父母來說，有沒有正確的人生觀、世界觀、價值觀非常重要，這不僅關係到自己的人生，還關係到孩子的人生。相關內容，儒家思想中有很多。但近百年來，國學傳統經歷了巨大的斷層，雖然近年又引起重視，還是沒有對整個社會產生影響。這就需要我們有意識地去關注、學習、運用。當我們自己改變了，也會使孩子成長的環境和土壤得到改變。

社會教育

對孩子來說，社會教育主要來自成長環境。關於這個問題，最有名的典故是孟母三遷。孟子少年喪父，和母親艱難度日。最初，孟子家在墓地附近，經常有送葬隊伍經過，引得孟子和一群孩子模仿送葬遊戲。孟母見狀，趕緊把家搬到城裡。住下後發現，周圍都是小商小販，也不是理想居處。孟母再次搬遷，在學堂附近安家。孟子耳聞目睹，不僅愛上了學習，還學會守秩序、懂禮貌。此後，他果然沒有辜負母親的期望，成爲儒家思想的重要代表。在古代，孤兒寡母的生活非常艱難，搬家更是不易。即使在這樣的情況下，孟母還是不辭勞苦地三易居處，一方面說明她眼光長遠，一方面也說明環境對人的影響確實很大。

此外，交友也很重要。《論語》說到益者三友，即友直、友諒、友多聞。友直，就是正直而眞誠；友諒，就是誠信而包容；友多聞，就是有知識有學問。現代人注重人脈，但關注點只是在對自己的事業是否有幫助，能否給自己提供什麼資源。其實，優秀品質才是我們眞正可以受益的資源。所以家長要關注，孩子平時愛和什麼人來往，是和好吃懶做、遊手好閒的混混，還是品行優良、有上進心的益友。包括周圍鄰居是什麼樣的人，都不能掉以輕心。因爲這種影響是潛移默化的，會使孩子在不知不覺中被同化，所謂近朱者赤，近墨者黑。

現在的社會環境，對孩子的教育是很不利的。比如手機等電子產品，使用門檻越

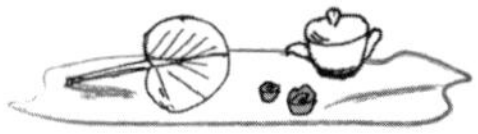

來越低，也讓人越來越容易沉迷其中。有些父母只要孩子一吵，就把手機塞給他，自己是因此輕鬆了，卻使孩子兩三歲就開始玩遊戲，要不了幾年就成了重度用戶，根本無心學習。據說歐美國家對孩子使用手機有嚴格控制，小學生甚至中學生都不可以獨立掌握手機。手機的危害，還在於網路上什麼都有。對心智尚未健全的孩子來說，不僅誘惑重重，還會形成依賴。因爲各種願望都可以在網路、遊戲中實現，久而久之，精神就會出現問題，完全沉迷在虛擬世界中，無法從中走出，建立正常、健康的社會關係。

以前的社會，沒有那麼多誘惑，孩子從小就在自然中玩耍，興趣愛好相對單純，也比較健康。但在今天的大環境下，教育面臨了很多前所未有的課題。其中的大部分，父母自己都沒經歷過，也無法從已有經驗中找到借鑒。怎麼辦？一方面要加強自身學習，足以爲孩子提供正向引導；一方面要選擇適合孩子成長的小環境，這一點，可能比以往任何時代更爲重要。

學校教育

現在很多家長在爲孩子能進什麼學校煞費苦心，從學區房到找關係，只要能做的，都不惜代價。他們在選擇學校時，往往把升學率放在首位。其實，學校能給孩子什麼樣的引導，能不能讓孩子健康成長，才是更重要的。現在各行各業競爭都很激烈，其中有公開、正當的競爭，也有不正當的競爭。很多不良風氣已經滲透到學校，使有的孩子從小就開始搞關係，給老師送禮品，或是和同學比爹比媽，攀比接送用車。

你們來到這裡，既是爲了自己，也是爲了給孩子一個寬鬆、開放、有利成長的環境。但僅僅這樣還不夠，尤其對中國人來說，本身就有優秀的傳統文化。儒家重視做人的教育，佛法強調生命的教育，這恰恰是現行教育中最薄弱的。

基於此，我們正在推動家庭版的安心茶室。家庭和諧是需要以文化爲紐帶的，否則，每個人都會活在自己的觀念裡，以自己的感覺爲中心。就像企業要有企業文化，才能形成共同的信念。家庭也是同樣，如果缺乏共同的信念，夫妻可能同床異夢，父

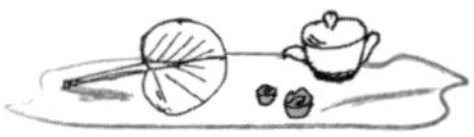

母和孩子可能互不理解。有人說，天下最遠的距離，就是兩個人坐在一起，你看你的手機，我看我的手機。大家都和手機連接，卻不和眼前的家人連接；最有感情的是手機，而不是血脈相連的家人。這是何其顛倒！

那麼，家人之間靠什麼連接？在傳統家庭中，大家都接受儒釋道的教育，就會有共同的精神信念和行爲準則。這是很有必要的。所以，我希望有條件的家庭都可以設置一個安心茶室，大家定期聚到一起，包括家人，也包括同學、親戚、朋友。在一起讀讀《大學》《中庸》《論語》，也可以讀讀《靜心學堂叢書》，還可以體驗禪茶，修習正念和健康養身等項目。這樣就能營造良好的生態圈，家庭氛圍也會隨之改變。通過安心茶室的薰陶，彌補學校教育的不足。

傳承儒家文化，學會做人做事

我們來到世界，只是有了人的自然屬性，必須通過學習，才能成爲合格的人。眞正意義上的中國人，我覺得應該包含兩個層面，一是血統，一是道統。黑眼睛、黑頭發、黃皮膚體現了血統的特徵。此外，還有文化傳承的道統。不少海外華人擔心後代成爲香蕉人，皮膚是黃的，精神內核卻是白的。因爲他們從小接受西方教育，從價值觀、思維方式、興趣愛好到生活習慣，全是西方的。雖然有著中國人的形象，卻沒有相應的精神內涵。

怎麼成爲表裡如一的中國人？必須傳承中國優秀傳統文化。從佛法角度看，每個生命都有無始以來的業力。有句話叫「三歲看到老」，有人從小聰慧，有人天生愚笨；有人天性善良，有人生來暴戾。正因爲千差萬別，所以要通過教育，把善的部分發揚光大，惡的部分加以對治。

西方社會很重視道德和法律，道德可以防範犯罪的思想根源，而法律可以約束人的行爲。如果能把不善思想和不良行爲管住，這個世界就沒什麼可擔憂的了。所以在西方，始終是兩套系統並行的。宗教滲透在生活的方方面面，基督徒從出生、結婚到去世，都要由牧師主持相關儀式，包括總統就職，也要手按《聖經》宣誓。不管你的信仰達到什麼程度，多少會被其中的道德觀所影響，對行爲加以約束。如果只有法

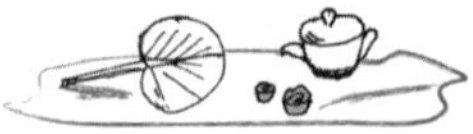

律，能管的只是發生的事，破壞已經造成，無法挽回。更何況，法律還有一些無法顧及的灰色地帶，這都需要道德，需要內在的自我約束。

中國的傳統是偏向人治，儒家思想的重點，正是關於做人處世的道德規範。前幾年在中國召開的世界哲學大會，就以「學以成人」爲主題。也就是說，做人和掌握任何技能一樣，是需要學習的。孟子說：「飽食暖衣，逸居而無教，則近於禽獸。」如果一個人吃飽穿暖後，每天放逸度日，沒有接受相應教化，其實和動物沒有多少區別。當然，孟子也講到，人人皆可以爲堯舜。爲什麼同樣是人，可以是禽獸，也可以是堯舜？區別就在於，是否接受過道德教化。

儒家還以「太上立德，其次立功，其次立言」爲三不朽的人生。立德，就是完善自身道德，成爲仁人君子；立功，就是建功立業，造福社會；立言，就是以自己的思想影響世界。我曾和岳麓書院國學院朱漢民院長就「如何立心立命」展開對話，在這個問題上，儒家和佛教有著共同的使命和責任。從個人修養來說，是成聖成賢；從社會責任來說，儒家是以正心、誠意、修身、齊家爲本，進而治國、平天下，佛教則是從自覺到覺他，從自利到利他。

做到這一點，首先要立志，佛法稱爲發願，就是給生命制定一個目標和方向。現在很多人不知道爲什麼活著，空心病和無意義感幾乎成爲常態，爲什麼會這樣？就是因爲沒有崇高的目標和願望。多數人的目標，不過是上個好大學，找個好工作，賺上幾百萬，目標都很現實。如果很快實現，接著又沒了目標，只有再次制定，把幾百萬升級到幾千萬、幾個億，或是不斷地換工作、換房子、換車子。一路順利的話，會因此躊躇滿志，不可一世，以爲生活永遠這麼向上攀升。一旦目標不能實現，就會遭受挫折，產生焦慮、抑鬱等不良情緒，覺得我太沒用，太不行了。這就是凡夫的常態。

儒家所講的立志，是樹立人生大目標，最著名的有張載的四句教：爲天地立心，爲生民立命，爲往聖繼絕學，爲萬世開太平。爲天地立心，是開啓和天地同頻的心；爲生民立命，是幫助更多人安身立命，安頓身心，而不只是爲自己活著；爲往聖繼絕學，是傳承文化和聖賢言教；爲萬世開太平，是造福世界，造福全人類乃至子孫後代。

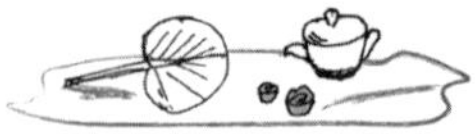

目標越大，越不會出現暫時的得失成敗。我曾經寫過一條微博，說到做大事的五大好處。一是不容易失敗，因爲不容易成功；二是不容易失業，因爲短期內做不完；三是不容易執著，因爲找不到執著點；四是做不好比較有藉口，因爲本來就不容易做好；五是不用著急，如果因緣不成熟，一個人乾著急也沒用。所以我一直覺得，出家人既沒有得意也沒有失意。有因緣時多做些弘法利生的事；沒有因緣時，自己靜修也挺好的，而且非常重要。

我們每天的定課中有四弘誓願，念起「眾生無邊誓願度，煩惱無盡誓願斷，法門無量誓願學，佛道無上誓願成」這四句話時，有沒有將此作爲自己的人生目標？有沒有作爲自己必須承擔的使命？還有阿彌陀佛四十八大願、藥師如來十二大願，如果具備這樣的願力，從今生今世乃至盡未來際，永遠都在前行過程中，不會因此焦慮。

《論語》中「三軍可奪帥，匹夫不可奪志。」這也充分說明志願的重要性。如果志願太小，容易滿足，人生就會失去目標。所以儒家講立志，佛法講發願，都是從道德的高度，讓我們去做品行完善、利益世界的人。

幾十年前的人，即使沒有這麼高的志向，但多數是有責任感的，包括社會責任和家庭責任。但現在的九〇後、〇〇後，似乎對責任越來越沒感覺了。從某種角度看，可能他們更開放，更沒有設定。但從另一方面，很多人是活在自我感覺中，覺得不需要爲了誰，活得高興就活，活得不高興可以不活。事實上，這是對生命的放任和不負責。因爲沒有接受相關的教育，也沒有眞正思考過人生。

以往的年輕人，多少會受到老一代的影響。我們的父輩和祖輩，會教後代怎麼做人，怎麼擔當責任。但在今天，一些傳統觀念已和時代風向不同。比如古人常常說到的惜福，在鼓勵消費的今天，早已格格不入。過去的中國社會，幾乎每個鄉村都有受到大家尊重的人。他們有道德，有智慧，有擔當，在某種意義上，可謂道德實踐的模範。人們即使不懂多少書本道理，也會從他們身上知道應該怎麼做人，怎麼做事。

但在改革開放後，整個社會迅速從推崇道德轉向功利，嚮往財富和權力，追逐娛樂和聲色，甚至覺得「道德值多少錢？」好在當人們的經濟情況漸漸好起來後，開始看到新的問題。沒有財富、權力的時候，似乎這些可以帶來一切。擁有之後卻發現，

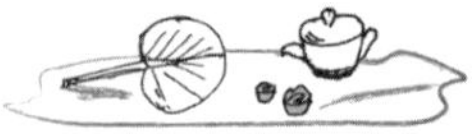

自己並沒有因此變得更幸福，更滿足。什麼才是人生最重要的？什麼才是眞正值得追求的？什麼才是我們安身立命的所在？尤其經歷三年疫情之後，越來越多的人開始反省，開始思考這些問題。

所以說，我們推崇什麼樣的價值，追求什麼樣的人格，立志成爲什麼樣的人，對人生特別重要。有了這些前提，就有了做人的基本，知道應該如何待人處事。近年來，儒家所說的「仁義禮智信、溫良恭儉讓」重新被宣導，但多數人只知道概念，並沒有眞正探究每個概念的內涵，沒有和自己的人格聯繫起來。

大家都嚮往美好，但我們追求的更多是外在的美好，比如相貌、服裝、身份，卻沒想到，眞正的美好來自生命內在。而內在的美好離不開智慧和道德，這就需要認識生命的因緣因果。

從因緣因果的角度看，道德是什麼？價值在哪裡？其實，道德就是組成人格的材料。我們用不良心理來構建它，還是用良性品質來構建它？如果大家沒想過這個問題，可以從另一個角度來思考。想一想，如果一個人善良、誠實、友善、慈悲、溫暖，肯定每個人都喜歡；反之，如果一個人心胸狹隘、充滿對立、瞋恨心重、嫉妒心強、總是損人利己，也就沒人願意和他交朋友。雖然很多人未必意識到道德的作用，但在生活中，我們願意接近什麼樣的人，遠離什麼樣的人，也側面說明了內心對道德還是抱持肯定的態度，對美好還是存有嚮往。

那麼，如何造就美好的生命？如果生命由二十種元素組成，其中十種是正向的，十種是負面的，我們會如何選擇？能不能做得了主？還是會不知不覺地發展那些負面元素？

儒家講修身、齊家、治國、平天下。其中，修身是基礎，也是首要，從某種意義上說，還是最難的。如果沒有佛法智慧，不了解生命的因緣因果，就看不到道德的完整價值，怎麼修身？我曾和岳麓書院朱漢民院長討論到這個問題，我說儒家雖然強調道德，但不談因緣因果，那道德的價值是什麼？有人會覺得，我做一個好人，帶來的好處最多幾十年，那麼短暫，爲什麼要辛辛苦苦地做好人？但如果了解生命的因緣因果，就會知道，遵循道德可以讓生命更美好，不僅讓我們今生受益，還能盡未來際地

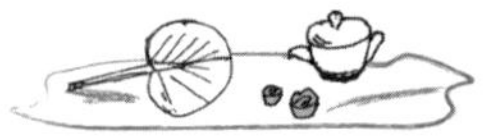

受益。

學習傳統儒家文化，主要是幫助我們學會做人做事，比如前面講到的「仁義禮智信，溫良恭儉讓」。簡單地說，仁是培養仁愛之心，義是遵循道德行爲，禮是人與人的相處之道，智是正確看待各種問題，信是保有誠信；溫是性格溫和，良是心地善良，恭是對人恭敬有禮，儉是勤儉惜福，讓是謙虛禮讓。這些都是自利利他的優良品德，關鍵是通過修行，讓每一項變成自己的人格。

我們提倡的學習方法，是觀察修和安住修。首先需要思考：爲什麼要培養仁義禮智信、溫良恭儉讓的品德？爲什麼要有感恩心、隨喜心？然後以相應的方法，比如修習《慈經》，讓內心對自己和眾生生起慈悲，充滿關愛。從以自我爲中心，轉變爲以眾生爲中心，以正向、積極的心看待一切。

學習佛法智慧，造就健全人格

關於做人做事，我們不僅要學習儒家文化，還要有佛法智慧的高度，否則是不夠的。因爲心必須通過修行才能改變，不是說一說就可以。那只是知道概念而已，和你的生命是沒關係的，也起不了作用。

現在的孩子有很多心理問題，如焦慮、抑鬱、孤僻、自私、自我中心等，進而導致厭學、叛逆、不自律、沉迷手機等行爲問題。當孩子出現問題時，不少父母往往很焦慮，不接納：我的孩子怎麼會這樣？其實，這種焦慮和不接納對孩子沒有絲毫幫助，只會讓自己更糟糕。

作爲父母，應該怎麼對待這些狀況？不論從心理學還是佛法的角度來說，首先要學會接納。前面講到正確的親情觀，就是讓我們知道，孩子是獨立的生命個體，帶著自己的業力而來，並不是父母的附屬品。他和你的關係就這麼幾十年，然後就要各奔東西，你能做的很有限。怎麼把這幾十年過好？不論孩子有什麼樣的表現，都不能太我執，有太多設定，否則就會焦慮不安，也給孩子帶來無謂的壓力。然後，這種壓力又會返回自己身上。在互相施壓的過程中，使壓力不斷升級。

其實我們看看自己，也存在很多問題，不是那麼容易能改變，所以不要對孩子有過分期待。先接納自己的不完美，再接納孩子的不完美。父母和孩子，只是這一生的因緣相聚。不論過去是什麼樣的緣分，現在能做的只是讓他往好的方面轉變，而不是要符合我們的期待。只有接納、不對立，我們才能心平氣和地面對孩子出現的各種現象，再加以正確引導。

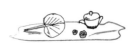

此外，有些心理問題是需要治療的。除了常規的心理治療，正念禪修也是很好的調整方式，在歐美已有廣泛運用。引導孩子培養正念，安住正念，可以有效化解不良心理，讓心從疾病模式跳出來。前提是父母能修習正念並從中受益，做到這一點，你的存在就能在家中營造令人安心的氛圍。

進一步，還要引導孩子培養正向心理。如果孩子缺乏感恩心，要讓他們明白，自己得到的一切並非理所當然，應該心懷感恩；如果孩子以自我爲中心，就要讓他們認識到，人在世間生存，離不開大家的付出，只有我爲人人，才能人人爲我，所以要學習利他的思維方式，友善地對待身邊人。事實上，所有負面心理都有相應的正向心行可以對治，關鍵是及時發現問題，有意識地加以培養。當然，認知和價值觀也很重要，要引導孩子立志，知道未來要成爲什麼樣的人。生命是需要方向和榜樣的，這樣才會不斷向目標靠攏。

除了自己的引導，還要在家中營造正向環境，組織孩子或身邊人一起學習，在潛移默化中傳遞做人的道理。比如讓附近的孩子在一起舉辦青春讀書會之類的活動，一起讀讀《靜心學堂叢書》，分享讀書心得和在生活中的運用。

有了一定基礎，還可以增加禪修內容。我們的禪修分兩類，一是正念的禪修，一是利他的禪修。正念禪修可以培養專注和覺察，以此解決心理問題。利他禪修是通過理解他人，同情他人，到接納自己不願接納的事，進而培養感恩、隨喜等心行，改變以自我爲中心的狀態。

總之，在教育孩子的過程中，父母要給孩子正確引導，而不是施加壓力：我希望你怎麼樣，考多少分，得什麼名次。更不要和其他孩子攀比，因爲每個生命的起點都不一樣。

作爲父母，首先要改變自己的錯誤觀念，當我們有了正確的三觀、健全的人格，

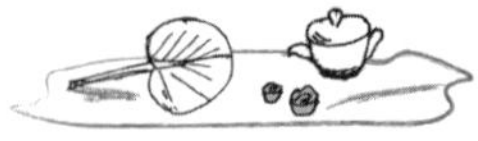

家庭環境才會隨之改變，才能給孩子正向的滋養和引導。否則，多數人的存在和人格是在不知不覺中形成的。只有學習佛法，才能充分了解自己，懂得哪些是不良品行，應該消除；哪些是美好心理，應該發揚。進而通過戒定慧改造自己，讓生命變得有價值。這是佛法帶給我們的希望，否則是很難的，所謂「江山易改，本性難移」。因爲我們連自己都看不清楚，更談不上改變。

家庭教育是很大的話題，以上針對突出的問題提供一些簡單思考，還有許多值得深入探討的空間。期待更多有識之士，能從中國優秀傳統文化中吸取養料，立足於佛法智慧的高度，以儒家的做人教育爲基礎，同時吸收心理學的方便，爲家庭和社會培養出健康、優秀的下一代。

17

繼承傳統，慈悲濟世

—— 二〇二二年春講於醫護專項

當今社會，身心健康是一個突出問題。受物質主義的影響，大家都在向外追逐，拼命賺錢，以爲擁有財富就能過得幸福，很少關注自己的身體和心靈。事實上，這對每個人特別重要。如果失去健康，煩惱重重，擁有再多也沒能力受用，沒心情安享，又有什麼意義呢？所以說，身心健康是人生最大的財富，修身養性是人生最好的投資。

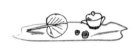

這些年，很多人富起來了，但一味外求造成的消耗，引發了過勞、焦慮、抑鬱等種種身心問題，已到了不容忽視的程度。如何傳承東方智慧，將佛法和醫學相結合，引導人們安身、靜心，爲大眾健康提供服務，是我們需要探索的重點，也是籌備醫護專項的初衷。

我曾和中國疾控中心前首席科學家曾光教授就健康問題進行對話，並整理爲〈當公共衛生遇到佛法〉一文，探討了「從生理健康到心理健康、從公共預防到道德預防、去除心理病毒、守護同一健康、構建人人健康的社會」等話題，涉及醫護人員的心理建設和精神追求、如何處理醫患關係等等。這些都是當今社會的焦點，和每個人息息相關。

醫護工作者的自身建設

說到健康，離不開醫療體系。當病人越來越多，醫護從業者的壓力也隨之增加，不僅工作時間長、任務重，還面臨醫患糾紛等心理陰影。作爲醫護人員，應該如何減壓？如何應對日益嚴峻的現實？如果他們的身心健康沒有保障，如何爲大眾保駕護航？

美國卡巴金博士曾把源自內觀的正念修行引入美國，宣導正念減壓等療法。對醫護工作者來說，是有效的調心之道。通過正念禪修，不僅可以解決自身的心理和情緒問題，還能舒緩身體壓力，啓動自我療癒的功能。

說到心理健康，離不開精神追求。醫生的職責是治病救人，從古至今，人們就以「懸壺濟世、仁心仁術」來讚譽醫者的德行和醫術。對於這份高尚的職業，從業者必須有慈悲利生的胸懷。遺憾的是，現在不少醫院把生存和經濟效益放在首位，講業

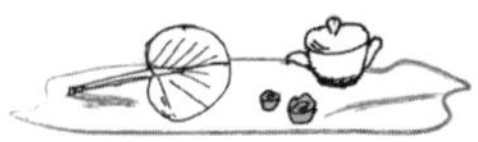

績，講效益，似乎病人只是客戶，治療只是業務。這不僅和中國的傳統道德相違，也和普世的醫學倫理相違。

作爲醫護工作者，怎樣培養救死扶傷的使命感？我曾給企業界做過不少講座，重點闡述價值觀、心理建設和精神追求，因爲這是一切問題的根源。醫護工作者也是同樣，有正確的價值觀，才知道什麼是應該追求的利益；有良好的心理建設，了解因果觀、緣起觀，才不會在面對形形色色的患者和事件時陷入困擾，才知道如何對待，如何在理解、接納的前提下，爲他們提供幫助；有高尚的精神追求，才知道人生的究竟意義在哪裡，爲什麼要慈悲，爲什麼要利他，爲什麼要濟世。

這些觀念和精神的建立，離不開傳統文化，也離不開信仰，尤其是大乘佛法宣導的慈悲利他。通過學習，我們才能確定這麼做對自身的價值，對社會的意義。認識到位，行動才能跟上。我們的義工爲什麼有利他精神？就是看到踐行慈悲的意義，才會發自內心地去做，並在做的過程中強化慈悲。

在醫患矛盾的大背景下

近幾十年來，醫患矛盾日益突出，甚至有惡性事件發生。醫生，本是患者信賴、依從、性命相托的靠山，什麼時候開始，變成了現在這樣？原因很多，主要在於兩方面。從醫生的角度說，確實有些醫院唯利是圖，過度治療，使患者對醫生應有的信任感被破壞，埋下衝突的隱患；從患者的角度說，有些人心態不正，對醫生缺乏理解和感恩，既不懂得積極配合治療，也不接納任何自己不想要的結果。

表面看，這些只是醫患之間的矛盾，但在根本上，卻是如何做人的問題，是教育、道德、民眾素質的問題。當大家都以自我為中心，帶著功利心做事，何止醫患關係會對立，各個領域都會產生衝突。包括學校中的師生關係，企業中領導和員工的關係，商場上甲方和乙方的關係。

如何從根本上解決問題？我們做這個專項，正是希望通過智慧文化，引導醫護工作者建立正確觀念，以自利利他的發心從事工作，成為名副其實的白衣天使；同時引導民眾關注身心健康，調整生活習慣，從源頭預防疾病，而不是一味消耗，到病發時

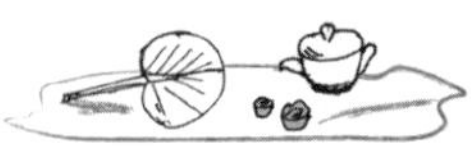

才驚慌失措，由身病帶來心病，由心病加重身病。

中學和西學的體用關係

西醫傳入中國近兩百年來，已成爲目前的主流。可以看到，西醫在藥品研發、精確診斷、手術等方面確有長處，對疾病的認識接近視覺化，也更容易被患者理解。但它的問題在於，著重解決局部疾病，所謂頭痛醫頭，腳痛醫腳。事實上，身心是一個整體，問題可能顯現在局部，根源卻不止於此。中醫則是從系統論的角度，引導我們全面認識身體，看待疾病，強調平衡、疏通、調理。兩者側重不同，各有所長。

民國年間西方文化進入時，關於「如何看待傳統文化，如何接受西方文化」，有識之士提出了「中學爲體，西學爲用」，立足於此，可將彼此的長處相結合。因爲「體」需要的是高度，爲東方文化所長；「用」需要的是精確，爲西方科技所長。這一原則，也可作爲我們看待中醫和西醫的參考。

中醫立足於陰陽五行，認爲身體中既有看得見的心肝脾肺，五臟六腑，還有看不見的穴位經絡，是息息相關的整體。這和佛法所說的緣起觀有相通之處。佛法認爲，身體由五蘊和合而生，並不是孤立的存在，更沒有固定不變的本質。我們每天的飲食、起居、習慣，包括內在的心念、情緒，時刻都在對這個整體產生影響。只是我們的心很粗，很遲鈍，往往感受不到其中微細的變化。在霧霾的危害爆發前，誰會想到，空氣竟然對身體有那麼大的影響。事實上，我們的生活中充滿了看得見和看不見的危害，從空氣到飲水，從農殘到添加劑，從壓力到不良心態。

這一切的量變，必然會導致質變。積累損害身心的負面因素，將導致疾病；賦予有益身心的正向能量，可促進健康。我曾看過介紹《黃帝內經》的六十集紀錄片，包括醫史篇、醫理篇、養生篇。在第三部分，全面介紹了影響健康的眾多因素，如環境、氣候、飲食等。只有從整體調整，才能使身心狀況得到有效改善。

對於源遠流長的東方文化，我們怎麼在學習、傳承的基礎上，和現代醫學相結合，讓人們樂於接受？怎麼將佛法緣起、因果等思想貫穿其中，讓人們改變觀念，從中受益？我們曾在西園寺舉辦過面向醫學界的靜修營，其中不少是主治醫師、院長

等。從身心一體的角度來認識疾病，不僅可以使醫者拓寬思路，還可以通過他們利益大眾，造福社會。

西方醫學是建立在形式邏輯的基礎上，強調技術，也受限於技術。佛法的邏輯是因明三段式，先發現問題，再尋找原因，搜羅證據。四諦法門更是佛陀根據印度醫生治病的原理施設的，其中包含輪迴和解脫兩重因果。輪迴的因果，是看清現實（苦），找到苦因（集）；解脫的因果，是判斷治癒結果（滅），指出解決方式（道）。事實證明，這套方法是行之有效的，所以佛陀被尊爲大醫王。雖然他解決的重點是心理，但身和心是相互影響的。同時，這個思路對我們查找病因、對症治療也有重要參考價值。

了解需求才能關愛生命

我們準備成立一個「生命關愛中心」，以智慧文化爲指導，立足於中醫的思路，再吸收西醫的長處，建設一套健康體系，引導人們改善身心。這是很有意義的。

今天的社會，不僅心理疾病患者與日俱增，即使單純的身體疾病，也往往和心態有很大關係。佛法講「心種種故，色種種」，說明了心與身體、世界的關係。如果長期積累負面情緒，會引發身體的種種問題。中醫也說「喜傷心，怒傷肝，憂傷肺，思傷脾，悲傷魂魄，恐傷腎，驚傷膽」。把心態調正，不僅可以防病，也是配合治療的助緣。

人們每天在使用這個身體工作學習，追名逐利，累了就吃喝玩樂一番，以此犒勞身體。但「假期綜合症」顯示，放縱式的「休息」，非但起不到緩解疲勞的效果，還會給身心帶來負擔和傷害。可見，我們並不了解身心的眞正需求，不能給予適合它的保養。

目前，我們已通過正念經行、正念爲食、正念禪修等多種方式，引導大家在調心的同時健身。比如身體掃描，是通過對身體各部分的關注，結合正念和呼吸，起到調節身心的作用，解除負面情緒，以及由此產生的病氣。更重要的，是建立良好的習慣和心態，有智慧地看待並解決問題，包括健康的飲食、作息等。從實踐效果來看，這

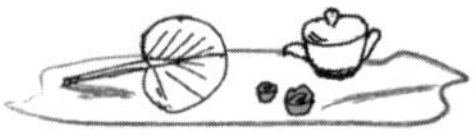

些方式是行之有效的，相信對醫護人員和社會民眾也有很大幫助。

結語

我做過面向企業界的講座，許多企業界人士深受西方商業文化影響，習慣用管理技術、功利的思路看問題，缺乏「道」的高度，發展到一定程度就會遭遇瓶頸，或是在事業有成後感到迷惘，不知何去何從。因爲技術的作用是有限的，功利的效果是暫時的，眞正的成功離不開做人，離不開正確的價值觀，這些養分來自東方文化。只有在重視做人、重視精神追求的前提下，再吸收西方文明的長處，醫療事業才能健康發展。

18

讓艾火溫暖人間

—— 二〇一六年秋講於同里灸草堂

我一直想來看看灸草堂總部，這次正好我們有這麼多學員在此學習，也是難得的因緣。范老師通過對艾灸的傳承和弘揚，從調身入手，切入傳統文化，同時也重視修心。這件事很有意義，也是當今社會特別需要的。因爲一切問題的根本，無非是人的身心問題。

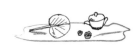

我常說，身心健康是人生的第一財富，修身養性是人生最好的投資。現在，不少人已經意識到這個問題，關於養生保健的資訊、方法、機構層出不窮。我們也一直在關注，希望找到一套簡單易行的調身之道，爲大家的生活、工作、修行打好基礎。

佛法的重點是修心，從對心的認識、調整，到最終明心見性，究竟解除人生的痛苦煩惱。但我們在世間所做的一切，都要依託這個色身，所謂借假修眞。關於這一點，不少學佛者存在誤區，覺得身體是個臭皮囊而已，不必理會。當然，不執著是對的，但不執著不等於不管它，更不等於任意使用而不保養。如果沒有健康的身體，總被這裡那裡的不舒服或病痛所困，其實是給自己增加不必要的干擾。這樣的話，最後往往帶來兩個結局，或是病得無法修行，或是走向另一個極端，因爲痛苦而對身體格外執著。這些都是我們要避免的。

佛教的修行，尤其是禪修，也講究調身、調息，以此作爲調心的前行。如果身體這部分過不了關，禪修時坐立不安，是很難把心調到位的。怎麼調身？首先要認識這個身體，認識影響健康的各種因素。

從佛法觀點來看，宇宙萬有都是由地水火風四大組成的。在世界形成之初，由風輪開始運轉，然後風起雲湧，將萬物聚合起來，構成山河大地。我們現在看到的所有存在，似乎是實實在在、固定不變的。其實，這一切都是因緣和合而成，本身並沒有固定不變的屬性。現代物理學業已證明了這一原理。比如波粒二象性告訴我們，物質可能以波的形態存在，也可能以粒子的形態存在，其最終存在，是取決於我們對它的觀察。也就是說，我們認識世界時，並不是單純的觀察者，同時也是參與者、創造者。

所以，我們要認識到心的能動性，認識到心念對世界，尤其是對身體的作用。中國的傳統文化，包括中醫、道家等，對身體也有獨特的研究。比如對氣的重視，認爲

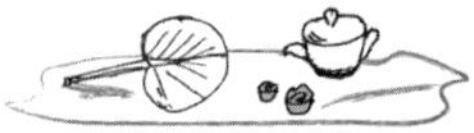

這是色身包括萬物形成的重要組成部分。由此指出，人的七情六欲，包括不同的念頭、情緒、心態，都會給身體帶來影響。帶著這樣的心態去認識世界，又會影響到萬物的存在。準確地說，是影響到萬物在我們各自世界中的存在。這就是佛法所說的「一切唯心造」——不同的心念會產生不同的氣息，造就不同的世界。

我們在調身時，同樣要重視心的作用。只有正心正行，才能達到內外兼修的良好效果。傳艾書院重視正念和用心，還有傳艾四弘誓願，值得隨喜。帶著這樣的心，不管是給自己還是他人艾灸，本身就是慈悲的修行。因爲慈悲不僅是利益他人的行爲，更代表著一種心念，一種精神。認識到這種正向心行的重要性，進而把它帶到每個當下，去做艾灸，做傳導，於自身是增長慈悲，於他人是傳遞慈悲。

今天的中國社會，生態環境全面惡化，天災人禍頻頻發生。近年來，愈演愈烈的霧霾等問題，正在引起全社會的矚目。其實相對這些外在現象，心理問題帶來的後果更爲嚴重。其中突出的一點，就是人與人之間的隔閡與冷漠。隨著居住環境的改變，大家庭和鄰里關係幾乎不復存在。而手機和網路的普及，又讓家庭成員開始各自爲政，疏於交流。在這樣的背景下，人們對家人都缺乏關愛，對其他人更是漠不關心了。這種冷漠不僅帶來種種社會問題，也是導致抑鬱症高發的外在誘因。

儒家提倡「仁者愛人」，正是對治冷漠的一劑良藥。但儒家關於「仁」的詮釋，是從「己所不欲，勿施於人」中推演而來的，並非建立在心性基礎上。此外，這種仁愛還受到家庭倫理的影響，是從親人到路人，從有關係到沒關係漸次弱化的，相對比較有限。而佛法所說的慈悲，是來自眾生平等的思想。因爲認識到一切眾生曾在輪迴中互爲親人，所以才會有無緣大慈，同體大悲。既沒有親疏之別，也沒有國家、民族、人種等一切分別。

更關鍵的是，這種慈悲不僅是給予，是他人的需要，也來自我們自身的需要。因爲我們希望提升人格，就要通過修習慈悲，化解內心瞋恨、冷漠、對立等負面情緒。大乘佛法宣導「悲智雙運」，即慈悲和智慧的相互增上。但在漢傳佛教的傳統中，更重視空性見，對慈悲和菩提心的傳承不夠得力，使不少學佛人予人消極避世的印象，未能發揮大乘佛教積極濟世的作用。

那麼，如何建立大乘精神？這就必須通過聞思佛法，認識到生命覺醒的意義，進而認識到自己和眾生本是一體的，自利和利他也是統一的。對緣起現象具備這樣的認識後，才能發自內心地生起自利利他的願望。否則，我是我，他是他，爲什麼要心懷眾生，捨己爲人？事實上，這也是一些傳統道德流於口號的原因所在。如果認識不到眾生和自己的關係，僅僅靠外在宣導，是很難讓人心悅誠服、自願遵守的，甚至會滋生口是心非的僞君子。

正因爲如此，中國社會普遍缺乏慈悲大愛的精神。近年來，雖然參與慈善者日益增多，值得隨喜，但並沒有從根本上改善整個社會的冷漠和戾氣。因爲慈善不僅是一種捐助行爲，還代表著慈悲利他之心。如果不是本著慈悲心進行捐助，從嚴格意義上說，只是善行而已，還算不上眞正的慈善。事實上，這些不是以慈悲心爲前提的捐助行爲，已經導致了一系列問題，令捐助者患得患失，受助者不知感恩。我們固然需要檢討慈善的機制、流程等，但根本是在於發心，在於這一行爲的思想基礎。

總之，不論對個體生命還是社會和諧，慈悲的修行特別重要。這種修行並不僅限

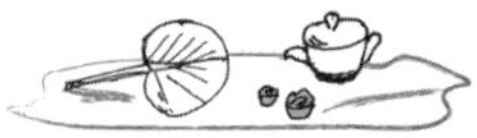

於捐助，佛教認爲，佈施包括財佈施、法佈施和無畏施。通過自己的技術和服務，爲他人解除病痛，也是很好的佈施。我覺得，艾灸很有象徵意義，因爲它散發著溫暖。作爲學佛者，我們在接受佛法傳承和發起菩提心的前提下，可以讓艾灸成爲利他的方便，讓艾火化解人間的冷漠。這種方便正契合當今社會的需要，是與人結緣的有效途徑。

我和范老師一見如故。因爲我切身感受到了艾灸的利益，同時也被范老師的濟世之心所打動。在醫患關係如此緊張的今天，雖然也湧現了一些傳統醫學的優秀實踐者和弘揚者，但相對十幾億人口來說，這些資源還遠遠不夠。更何況，究竟的健康之道應該是防患於未然，而不是在疾病出現後設法治療，那只是被動的補救措施。所以，我們特別需要找到大眾化的養生保健之道，一是簡單易學，沒有高門檻；二是能有效推廣，沒有副作用。只有這樣，才能讓大眾通過調身擁有健康，進而通過學佛改善心性。

不少人通過學佛，確立了人生目標。但要獻身修學，自利利他，離不開健康的身體。基於此，我們特別將艾灸作爲重要的慈善項目。在推廣過程中，已受到許多人的廣泛認可。范老師有這個願心，我們也有這個願心，願心和願心的結合，可謂善緣具足。希望大家珍惜這個善緣，一方面通過修學提升心行，一方面通過培訓和實踐提高艾灸技術，讓心和行相互增上。有正確的發心，才能成就眞正的慈善行；有良好的技術，才能讓發心落到實處，利益他人。讓我們盡自己的一份力，爲這個社會帶來更多溫暖。

濟群法師著作系列

修學引導叢書

《探索》
《走近佛陀》
《道次第之道》
《菩提大道——《菩提道次第略論》講記》
《菩提心與普賢行願》
《尋找心的本來》
《你也可以做菩薩——《入菩薩行論》講記》
《學著做菩薩——《瑜伽菩薩戒品》講記》
《真理與謬論——《辯中邊論》解讀》
《認識與存在——《唯識三十論》解讀》
《超越「二」的智慧——《心經》《金剛經》解讀》
《開啟內在智慧的鑰匙——《六祖壇經》解讀》

智慧人生叢書

《你也可以這樣活著》
《心，才是幸福的關鍵》

《我們誤解了這個世界》
《我們誤解了自己》
《經營企業與經營人生》
《造就美好的自己》
《走出生命的迷霧》
《禪語心燈》
《怎麼過好這生活》
《有疑惑，才能開悟》

以戒為師叢書

《認識戒律》
《戒律與佛教命脈——標宗顯德篇解讀》
《僧伽禮儀及塔像製造——僧像致敬篇解讀》
《出家剃度及沙彌生活——沙彌別行篇解讀》
《比丘資格的取得——受戒緣集篇解讀》
《僧伽的教育問題——師資相攝篇解讀》
《僧伽的自新大會——說戒正儀篇解讀》
《僧團的管理制度——僧網大綱篇解讀》
《僧伽的定期潛修——安居策修篇解讀》
《僧格的年檢——自恣宗要篇解讀》
《戒律與僧伽生活》

金翅鳥系列　JZ10

怎麼過好這生活

作者　濟群法師
責任編輯　陳芊卉、李瓊絲
封面設計　夏魚
內頁排版　歐陽碧智
業務　顏宏紋
印刷　中原造像股份有限公司

發行人　何飛鵬
事業群總經理　謝至平
總編輯　張嘉芳
出版　橡樹林文化
台北市南港區昆陽街 16 號 4 樓
電話：886-2-2500-0888 #2738　傳眞：886-2-2500-1951
發行　英屬蓋曼群島商家庭傳媒股份有限公司城邦分公司
台北市南港區昆陽街 16 號 8 樓
客服專線：02-25007718；02-25007719
24 小時傳眞專線：02-25001990；02-25001991
服務時間：週一至週五上午 09:30-12:00；下午 13:30-17:00
劃撥帳號：19863813　戶名：書虫股份有限公司
讀者服務信箱：service@readingclub.com.tw
城邦網址：http://www.cite.com.tw
香港發行所　城邦（香港）出版集團有限公司
香港九龍土瓜灣土瓜灣道 86 號順聯工業大廈 6 樓 A 室
電話：852-25086231　傳眞：852-25789337
電子信箱：hkcite@biznetvigator.com
馬新發行所　城邦（馬新）出版集團
Cité（M）Sdn. Bhd.（458372U）
41, Jalan Radin Anum, Bandar Baru Seri Petaling,
57000 Kuala Lumpur, Malaysia.
電話：+6(03)-90563833　傳眞：+6(03)-90576622
電子信箱：services@cite.my

一版一刷　2024 年 6 月
ISBN：978-626-7449-02-8（紙本書）
ISBN：978-626-7449-07-3（EPUB）
售價：400 元

國家圖書館出版品預行編目（CIP）資料

怎麼過好這生活 / 濟群法師著 . -- 初版 . -- 臺北市：橡樹林文化，城邦文化事業股份有限公司出版：英屬蓋曼群島商家庭傳媒股份有限公司城邦分公司發行，2024.06
面；　公分 . --
ISBN 978-626-7449-02-8（平裝）

1.CST: 佛教修持　2.CST: 佛教說法

225.87　113001692